Rechnen für kaufmännische Berufe

von

Georg Breitscheidel
Werner Garbow
Ute Garbow

Vorwort

Dieses Buch deckt alle wesentlichen Rechengebiete für den kaufmännischen Bereich ab.

Durch den strukturierten und praxisnahen Aufbau ist es einsetzbar

- in den Klassen des dualen Ausbildungssystems,
- in berufsorientierten Vollzeitschulen wie der Berufsgrundbildung an Berufsfachschulen, Fachoberschulen und Gymnasien,
- in der beruflichen Orientierungsphase in allgemeinbildenden Schulen,
- in der Erwachsenenbildung im Bereich der Fortbildung und der beruflichen Qualifizierung,
- in Akademien, Fachhochschulen und Hochschulen sowie beim Selbststudium.

Die Einführungsaufgaben (Beispiele) werden in kleinen Lernschritten über die Entwicklung eines Ansatzes, des Lösungsweges und der Ableitung der Lösungsformel zur Lösung geführt. So ist es möglich, Lerninhalte selbst zu erarbeiten bzw. zu wiederholen oder nachzuholen. Die praxis- und fallorientierten Übungsaufgaben helfen, das Erlernte zu festigen. Das Buch entspricht den Lernfeldern der Ausbildung und ist daher lehr- und lerngerecht einsetzbar.

Die Autoren

Vorwort zur 3. Auflage
Die 3. Auflage wurde aktualisiert und sprachlich modernisiert.

> **Hinweis:** Sollten Sie ein Schülerbuch aus dem Schulbestand verwenden, füllen Sie bitte nichts im Buch aus.

3., aktualisierte Auflage, 2014
Druck 1, Herstellungsjahr 2014

© Bildungshaus Schulbuchverlage
Westermann Schroedel Diesterweg
Schöningh Winklers GmbH
Postfach 33 20, 38023 Braunschweig
service@winklers.de
www.winklers.de
Druck: westermann druck GmbH, Braunschweig
ISBN 978-3-8045-**5235**-7

Auf verschiedenen Seiten dieses Buches befinden sich Verweise (Links) auf Internetadressen.
Haftungshinweis: Trotz sorgfältiger inhaltlicher Kontrolle wird die Haftung für die Inhalte der externen Seiten ausgeschlossen. Für den Inhalt dieser externen Seiten sind ausschließlich deren Betreiber verantwortlich. Sollten Sie bei dem angegebenen Inhalt des Anbieters dieser Seite auf kostenpflichtige, illegale oder anstößige Inhalte treffen, so bedauern wir dies ausdrücklich und bitten Sie, uns umgehend per E-Mail davon in Kenntnis zu setzen, damit beim Nachdruck der Verweis gelöscht wird.
Dieses Werk und einzelne Teile daraus sind urheberrechtlich geschützt. Jede Nutzung – außer in den gesetzlich zugelassenen Fällen – ist nur mit vorheriger schriftlicher Einwilligung des Verlages zulässig.

Inhaltsverzeichnis

1 Rechenmethoden 5
    1.1   Dreisatz 5
    1.1.1 Einfacher Dreisatz 5
    1.1.2 Zusammengesetzter Dreisatz 9
    1.2   Kettensatz 11

2 Verteilungsrechnen 13

3 Durchschnittsrechnen 21
    3.1   Einfacher Durchschnitt 21
    3.2   Gewogener Durchschnitt 23

4 Prozentrechnen/Promillerechnen 26
    4.1   Errechnen des Prozent-/Promillewertes 27
    4.1.1 Prozent-/Promillewert vom reinen Grundwert
            (vom Hundert/vom Tausend) 27
    4.1.2 Prozent-/Promillewert vom vermehrten Grundwert
            (auf Hundert /auf Tausend) 30
    4.1.3 Prozent-/Promillewert vom verminderten Grundwert
            (im Hundert/im Tausend) 33
    4.2   Errechnen des Prozent-/Promillesatzes 35
    4.3   Errechnen des Grundwertes 39
    4.4   Übungen zum Prozent-/Promillerechnen 41
    4.5   Nachrichten aus der Wirtschaftspresse 44

5 Zinsrechnen 47
    5.1   Berechnen der Zinsen 47
    5.1.1 Jahres-/Monats-/Tageszinsen 47
    5.1.2 Berechnen der Zinsen mit Zinszahl und Zinsteiler ... 52
    5.1.3 Summarisches Zinsrechnen 53
    5.2   Berechnen des Kapitals 55
    5.3   Berechnen des Zinssatzes 56
    5.4   Berechnen der Zeit 57
    5.5   Zinsrechnen vom vermehrten und verminderten Wert ... 59
    5.6   Der effektive Zinssatz bei Darlehen 61
    5.7   Der effektive Zinssatz beim Ausnutzen von
            Skonto bei gleichzeitiger Kreditaufnahme 62
    5.8   Übungen zum Zinsrechnen 67

6 Diskontrechnen 71

7 Währungsrechnen ... 74
- 7.1 Währungsrechnen mit Sorten ... 75
- 7.1.1 Geldwechsel von Sorten ... 75
- 7.1.2 Errechnen des Kurses ... 77
- 7.2 Währungsrechnen mit Devisen ... 78

8 Kalkulation ... 81
- 8.1 Handelskalkulation ... 81
- 8.1.1 Vorwärtskalkulation ... 82
- 8.1.1.1 Bezugskalkulation ... 82
- 8.1.1.1.1 Errechnen des Einkaufspreises ... 82
- 8.1.1.1.2 Errechnen des Bezugspreises ... 85
- 8.1.1.2 Errechnen der Selbstkosten ... 89
- 8.1.1.3 Ermitteln des Angebotspreises ... 94
- 8.1.1.3.1 Ermitteln des Gewinnzuschlagssatzes ... 94
- 8.1.1.3.2 Errechnen des Listenverkaufspreises ... 96
- 8.1.1.4 Übungen ... 98
- 8.1.1.5 Vereinfachung der Angebotskalkulation Kalkulationszuschlag und Kalkulationsfaktor ... 100
- 8.1.2 Rückwärtskalkulation ... 104
- 8.1.2.1 Ermitteln des Bezugs- bzw. Einkaufspreises ... 104
- 8.1.2.2 Handelsspanne ... 106
- 8.1.3 Differenzkalkulation (Gewinnkalkulation) ... 109
- 8.2 Kalkulation in Fertigungsbetrieben ... 111
- 8.2.1 Divisionskalkulation ... 111
- 8.2.1.1 Einstufige Divisionskalkulation ... 111
- 8.2.1.2 Divisionskalkulation mit Äquivalenzziffern ... 117
- 8.2.2 Zuschlagskalkulation ... 121
- 8.2.2.1 Summarische Zuschlagskalkulation ... 122
- 8.2.2.2 Ein- und mehrstufige differenzierte Zuschlagskalkulation ... 125
- 8.2.2.3 Zuschlagskalkulation mit Maschinenstundensätzen ... 133
- 8.2.2.4 Kalkulation mit Unternehmenszuschlagssätzen ... 140
- 8.2.3 Nachkalkulation ... 142
- 8.2.4 Kalkulation und Beschäftigungsgrad ... 145

9 Anhang ... 150
- 9.1 Bruchrechnen ... 150
- 9.2 Maße und Gewichte ... 153

Bildquellenverzeichnis

Picture-Alliance GmbH, Frankfurt/M.: 44, 45, 46
Infografiken: Claudia Hild Grafikdesign, Angelburg
Daniela Ringhut, Dreieich

1 Rechenmethoden

Dreisatz und **Kettensatz** sind Rechenmethoden, die bei der Lösung von Aufgaben des Rechnungswesens häufig angewandt werden. Das Beherrschen der Rechenmethoden ist **Kaufmännisches Grundwissen**.

1.1 Dreisatz

Schließen Sie von der

Mehrheit auf die Einheit
a) 8 m² ≙ 56,00 €. 1 m²?
b) 12 m³ ≙ 360,00 €. 1 m³?
c) 3½ kg ≙ 70,00 €. 1 kg?
d) 420 Stück in 6 Std. In 1 Std.?
e) Für 10 Automaten reicht der Rohstoffvorrat 84 Betriebsstunden. Wie lange reicht der Vorrat für eine Maschine?

Einheit auf die Mehrheit
a) 1 kg ≙ 4,10 €. 8 kg?
b) 1 Std. ≙ 7,60 €. 5 Std.?
c) ½ m ≙ 15,00 €. 30 m?
d) 1 St. ≙ 0,60 €. 250 Stück?
e) 1 Mitarbeiter benötigt 15 Tage für einen Auftrag. Wie viel Tage benötigen 3 Mitarbeiter?

1.1.1 Einfacher Dreisatz

Beim Dreisatz ist der Wert für eine bestimmte Menge **(alte Mehrheit)** gegeben. Gesucht wird der Wert für eine neue Menge **(neue Mehrheit)**. Wir schließen ① vom Wert der alten Mehrheit auf ② den Wert für 1 Mengeneinheit und von diesem auf ③ den Wert der neuen Mehrheit.

Beispiel 1 | **Gerader einfacher Dreisatz (gerades Verhältnis)**

Ein Elektrofachmarkt vermietet beim Neubau einer Lagerhalle den Bauzaun für Plakatwerbung an Lieferanten von Markenartikeln. Für 60 Tage werden 1.200,00 € Miete vereinbart. Die Benutzungsdauer wird auf 76 Tage verlängert.
Wie hoch sind die Mieterträge jetzt?

Lösung **Ansatz:**

Für 60 Tage erhält der Händler 1.200,00 € **Angabesatz: „Was weiß ich?"**
Für 76 Tage erhält der Händler x € **Fragesatz: „Was will ich wissen?"**

Entwickeln des Bruchsatzes:

① für **60 Tage** 1.200,00 €: .... | 1.200,00 |

② für **1 Tag** wie viel €?
   Mehr oder weniger € als für 60 Tage? **Weniger**, nämlich: .. | 1.200,00 |
   _____
   60

③ für **76 Tage**   x   €
   Mehr oder weniger € als für 1 Tag? **Mehr**, nämlich: .... | 1.200,00 | · 76
   _____
   60

Berechnung der neuen Menge:

$$x = \frac{1.200,00 \cdot 76}{60} = 1.520,00 \text{ € für 76 Tage}$$

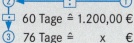

② 60 Tage ≙ 1.200,00 €
③ 76 Tage ≙   x   €

Verkürzte Darstellung:

60 Tage ≙ 1.200,00 €   (Angabesatz)
76 Tage ≙   x   €   (Fragesatz)

Der Bruchsatz wird im Kopf entwickelt:

$$x = \frac{1.200,00 \cdot 76}{60} = \underline{1.520,00 \text{ € für 76 Tage}}$$

Lösungsweg

1. Aufstellen des Ansatzes – Form beachten.

Gleichartige Bezeichnungen stehen untereinander, die gesuchte Größe x steht am Ende des Fragesatzes. Die gegebene Größe steht immer **über** dem x.

2. Entwickeln des Bruchsatzes

① Der Wert der alten Mehrheit **(1.200,00 €)** ist Ausgangspunkt der Rechnung. Er steht als erste Zahl auf dem Bruchstrich.

② Wir schließen von der alten Mehrheit auf die Einheit **(1 Tag)**.
Sorgfältig prüfen, ob dabei eine **Vermehrung (multiplizieren)** oder eine **Verminderung (dividieren)** des Wertes für 1 Einheit eintritt.
Beim geraden Dreisatz tritt eine Verminderung ein. (: 60)

③ Wir schließen von der Einheit auf die neue Mehrheit. **(· 76)**

3. Berechnen

4. Ergebnis schätzen (Kontrolle)

Lösungsschema

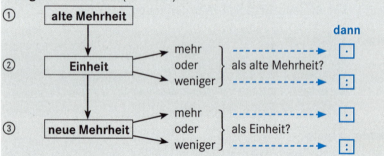

1 Unsere 13 Kundendienstwagen verbrauchen zusammen im Durchschnitt monatlich 6 175 l Kraftstoff. Aufgrund einer Vergrößerung des Bezirks werden zwei weitere Wagen angeschafft. Wie hoch wird jetzt der monatliche Kraftstoffverbrauch durchschnittlich sein?

2 Für eine Sendung verschiedener Artikel im Gesamtwert von 16.000,00 € werden 3.200,00 € Zoll gezahlt. Wie hoch ist der Zollanteil für einen der Artikel mit einem Wertanteil von 7.000,00 €?

3 Ein Betrieb stellt bei 38-stündiger wöchentlicher Arbeitszeit 11 400 Stück Bauteile für die Automobilindustrie her. Die wöchentliche Arbeitszeit wird wegen sinkender Auftragszahlen auf 36 Stunden gesenkt (Kurzarbeit). Wie hoch wird dann die Wochenproduktion sein?

Rechenmethoden

4 Eine Fachverkäuferin hat Anspruch auf 28 Urlaubstage im Jahr. Sie wechselt am 1. April den Arbeitgeber. Wie viele Urlaubstage entfallen auf das bisherige bzw. auf das neue Arbeitsverhältnis?

Beispiel 2 **Ungerader einfacher Dreisatz (ungerades Verhältnis)**

Ein Importeur packt Ceylon-Tee in Aufgussbeutel ab. Der augenblickliche Tagesumsatz wird von 35 Automaten in 4-stündiger Laufzeit abgefüllt. Wegen eines Bedienungsfehlers fallen 7 Automaten aus.
Wie viel Stunden benötigen die restlichen Automaten?

Lösung **Ansatz:**

35 Automaten benötigen 4 Stunden   **Angabesatz:** „Was weiß ich?"
28 Automaten benötigen x Stunden   **Fragesatz:** „Was will ich wissen?"

Entwicklung des Bruchsatzes:

① **35 Automaten** benötigen 4 Stunden: .... $\boxed{4}$

② Wie viel Stunden benötigt **1 Automat?**
    Mehr oder weniger Stunden als 35 Automaten? **Mehr,** nämlich: $\boxed{4} \cdot 35$

③ **28 Automaten** benötigen x Stunden.
    Mehr oder weniger Stunden als 1 Automat? **Weniger,** nämlich: $\dfrac{\boxed{4} \cdot 35}{28}$

Berechnung der neuen Menge:

$$x = \frac{4 \cdot 35}{28} = \underline{\underline{5 \text{ Stunden}}}$$

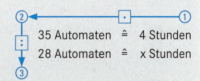

35 Automaten ≙ 4 Stunden
28 Automaten ≙ x Stunden

Verkürzte Darstellung:

35 Automaten ≙ 4 Stunden
28 Automaten ≙ x Stunden

$$x = \frac{4 \cdot 35}{28} = \underline{\underline{5 \text{ Stunden}}}$$

Lösungsweg ①②③ wie beim geraden Dreisatz.

Beim Schließen von der alten Mehrheit auf die Einheit tritt beim ungeraden Dreisatz eine Vermehrung ein (multiplizieren).

5 Der Bestand an Dichtungsringen reicht bei voller Beschäftigung (5 Tage in der Woche) 6 Wochen. Absatzschwierigkeiten erzwingen die Einführung von Kurzarbeit (3 Tage pro Woche). Für wie viel Wochen reicht der Bestand bei Kurzarbeit?

6 Für die Abschlussarbeiten zum Ende des Geschäftsjahres benötigen 9 Angestellte 14 Arbeitstage. Wegen eines Eilauftrages können nur 7 Angestellte eingesetzt werden. Wie viel Tage sind erforderlich, um die Arbeiten mit weniger Personal zu erledigen?

7 Eine rollbare Metalltreppe zu einer Laderampe sollte 24 Stufen mit einer Steighöhe von 18 cm haben. Die Berufsgenossenschaft schreibt aus Unfallverhütungsgründen eine Steighöhe von nur 16 cm vor. Wie viel Stufen muss die Treppe laut Vorschrift haben?

8 Für das Eindecken eines Flachdaches von 408 m² werden 10 200 Patentplatten benötigt. Durch eine Konstruktionsänderung wird das Dach nur 381 m² groß. Wie viel Platten werden für das Decken des Daches bestellt werden müssen?

9 Für einen Auftrag werden bei einem Einsatz von 24 Packerinnen 9 Arbeitstage vorgesehen. Wegen Krankheit können jedoch nur 18 Mitarbeiterinnen eingesetzt werden. Wie viel Tage müssen nun für den Auftrag geplant werden?

10 Für einen Ballen Kleiderstoff von 32,4 m Länge zahlt ein Unternehmen 436,80 €. Wie hoch sind die Materialkosten für einen Kleidercoupon von 2,15 m?

11 Im vergangenen Monat erhielt unser Vertreter bei 36.250,00 € Umsatz neben dem Fixum 1.812,50 € Provision. Der Umsatz dieses Monats beträgt 32.070,00 €. Wie hoch ist die Provision?

12 Aus 50 kg Rohkaffee erhält man 43,3 kg Röstkaffee. Wie hoch ist der Röstverlust bei einer Tagesproduktion von 22 650 kg Röstkaffee?

13 Bei einer Lieferzeit von 21 Tagen ist ein Meldebestand von 861 Stück erforderlich. Die Lieferzeit erhöht sich um 9 Tage. Wie hoch muss der Meldebestand jetzt sein?

14 Die betrieblichen Stromkosten betragen 13.447,35 € für 38 421 kWh. Wie hoch ist der Stromkostenanteil des Warenlagers? Alter Zählerstand 6 937, neuer Zählerstand 9 023.

15 Einem Kunden wurden versehentlich gegen Nachnahme 600 Paar Strümpfe zu 1,05 € je Paar I. Wahl geliefert. Er bat um Lieferung II. Wahl zu 0,75 € je Paar. Wie viel Paar Strümpfe II. Wahl müssen wir ihm liefern, wenn der Nachnahmebetrag voll verwendet werden soll?

| | | Paar |

16 Beim Bau einer Pipeline sind 5 Maschinen eingesetzt, die täglich in 7 ½ Arbeitsstunden 1 220 m Graben ausheben. Eine Maschine ist wegen Achsenbruchs ausgefallen. Wie viel Überstunden (Std./Min.) müssen die 4 Maschinen leisten, um die Tagesleistung von 1 220 m einzuhalten?

a	1 Std., 30 Min.
b	9 Std., 22,5 Min.
c	6 Std.
d	1 Std., 52,5 Min.
e	anderes Ergebnis, welches?

17 Die Füllung eines Heizöltanks reicht bei einem durchschnittlichen Tagesverbrauch von 300 l für 120 Heiztage. Für wie viel Heiztage reicht die Tankfüllung, wenn nach Einbau eines neuen Brennwertheizgerätes und einer Klappe zur Regulierung des Luftzuges der Tagesverbrauch auf 252 l sinkt?

| | | Tage |

1.1.2 Zusammengesetzter Dreisatz

Er ist aus zwei oder mehr einfachen geraden oder ungeraden Dreisätzen zusammengesetzt. Die Lösung erfolgt wie beim einfachen Dreisatz.

Beispiel Für den Bau einer Lagerhalle am Stadtrand müssen 15 000 m³ Erde bewegt werden. Dazu benötigen 5 Maschinen 48 Arbeitsstunden. Wie viel Arbeitsstunden brauchen 6 Maschinen? Nach Änderung der Baupläne fallen 23 000 m³ Erde an.

Lösung **Ansatz:**

5 Masch. bewegen 15 000 m³ in 48 Stunden. **Angabesatz: „Was weiß ich?"**
6 Masch. bewegen 23 000 m³ in x Stunden. **Fragesatz: „Was will ich wissen?"**

Bruchsatz:

Der zusammengesetzte Dreisatz wird in **einfache Dreisätze** aufgelöst. Jeder einfache Dreisatz wird für sich entwickelt und im gemeinsamen Bruchsatz ausgerechnet.

1. Dreisatz	2. Dreisatz	
5 Maschinen	15 000 m³	48 Stunden
6 Maschinen	23 000 m³	x Stunden

Erster einfacher Dreisatz:

5 Maschinen ≙ 48 Std.   **Angabesatz**
6 Maschinen ≙ x Std.   **Fragesatz**

① **5 Maschinen** benötigen 48 Stunden: .... $\dfrac{\boxed{48}}{}$

② Wie viel Stunden benötigt **1 Maschine?**
   Mehr oder weniger Std. als 5 Maschinen? **Mehr,** nämlich: $\dfrac{\boxed{48} \cdot 5}{}$

③ Wie viel Stunden benötigen **6 Maschinen?**
   Mehr oder weniger Std. als 1 Maschine? **Weniger,** nämlich: $\dfrac{\boxed{48} \cdot 5}{6}$

Zweiter einfacher Dreisatz:

15 000 m³ ≙ 48 Std.   **Angabesatz**
23 000 m³ ≙ x Std.   **Fragesatz**

① **15 000 m³** werden in 48 Stunden bewegt: .... $\dfrac{\boxed{48} \cdot 5}{6}$

② Wie viel Stunden benötigt man für **1 m³?**
   Mehr oder weniger Std. als für 15 000 m³? **Weniger,** nämlich: $\dfrac{\boxed{48} \cdot 5}{6 \cdot 15\,000}$

③ Für **23 000 m³** benötigt man x Stunden.
   Mehr oder weniger Std. als für 1 m³? **Mehr,** nämlich: ...... $\dfrac{\boxed{48} \cdot 5 \cdot 23\,000}{6 \cdot 15\,000}$

Ausrechnung:

$$x = \frac{48 \cdot 5 \cdot 23\,000}{6 \cdot 15\,000} = 61\,\tfrac{1}{3} \text{ Arbeitsstunden} = \underline{61 \text{ Stunden, 20 Min.}}\,^{1}$$

---

[1] 1 Std. = 60 Minuten; davon ⅓ = 20 Minuten

Dreisatz

1 Der Erdaushub einer Baustelle wird von 6 Lkws zu je 3 t bei 20 Fahrten täglich abgefahren. Wie oft müssten täglich 4 5-Tonner fahren?

2 Für die Wandverkleidung einer Ausstellungshalle (15 m hoch und 24 m lang) liefern wir 2 460 imprägnierte Kupferplatten. Wie viel Platten müssen für eine Wand von 11 m Höhe und 22 m Länge geliefert werden?

3 Zur Herstellung eines Gewebes, 350 m lang, 80 cm breit, braucht man 264 kg Garn.
a) Wie viel kg Garn müssen für ein Gewebe von 250 m Länge und 105 cm Breite eingesetzt werden?
b) Wie lang wird das Gewebe, wenn es 120 cm breit sein soll und 400 kg Garn zur Verfügung stehen?

4 Einen Auftrag über 56 Werkstücke erledigen 14 Facharbeiter in 12 Arbeitstagen bei 8-stündiger täglicher Arbeitszeit. Ein Eilauftrag über 78 Stücke soll in 9 Tagen ausgeführt werden.
a) Wie viel Überstunden müsste jeder der 14 Arbeitskräfte täglich machen?
b) Wie viel Arbeitskräfte müssten bei den vorgesehenen 9 Arbeitstagen für den Auftrag über 78 Stücke zusätzlich eingesetzt werden, um Überstunden zu vermeiden?

5 12 Lkws eines Betonwerkes fahren 96 000 Fertigteile in 8 Tagen ab, wenn sie täglich sechsmal fahren. Wie viel Teile können in 6 Tagen befördert werden, wenn 14 Lkws täglich 5-mal fahren?
Was sagen die folgenden Bruchsätze bis zu ihrem gezeigten Entwicklungsstand aus?
a) $\dfrac{96\,000 \cdot 14}{12 \cdot 8}$ b) $\dfrac{96\,000 \cdot 14 \cdot 6}{12 \cdot 8 \cdot 6}$ c) Ermitteln Sie das Endergebnis.

6 Eine Chemikalienhandlung will eine Abteilung mit säurefesten Fliesen zu 18 x 22 cm auslegen lassen. Erforderlich wären 20 000 Fliesen. Ein anderer Hersteller bietet Fliesen an, die sich für diese Beanspruchung besser eignen, aber nur in einer Größe von 10 x 12 cm geliefert werden. Wie viel Fliesen müssten beim zweiten Hersteller bestellt werden?

a	$\dfrac{20\,000 \cdot 12 \cdot 18}{10 \cdot 22}$
b	$\dfrac{20\,000 \cdot 10 \cdot 12}{18 \cdot 22}$
c	$\dfrac{20\,000 \cdot 10 \cdot 22}{18 \cdot 12}$
d	$\dfrac{20\,000 \cdot 18 \cdot 22}{10 \cdot 12}$
e	anderes Ergebnis, welches?

7 Ein Tee-Importeur packt täglich mit 12 Automaten in zwei Schichten zu je 8 Stunden 3 456 000 Doppelkammer-Aufgussbeutel Ostfriesentee zu 1,5 g als Tassenportion. Die Schichtarbeitszeit wird um eine halbe Stunde gesenkt. Die zukünftige Absatzerwartung liegt bei 5 000 000 Beuteln. Wie viel Automaten müssen aufgrund der Arbeitszeitverkürzung und der Absatzerwartung zusätzlich angeschafft werden?

a	7 Automaten
b	18 Automaten
c	19 Automaten
d	6 Automaten
e	anderes Ergebnis, welches?

1.2 Kettensatz

Mit dem Kettensatz können **gerade Dreisätze** einfach und sicher gelöst werden.

Beispiel 1 Eine Bremer Baumwollhandelsgesellschaft führt 20 000 kg Baumwolle aus den USA ein. Der Rechnungspreis beträgt 36.000,00 USD. Wie viel Euro kosten ½ kg dieser Sendung, wenn der Wechselkurs[1] 1,00 EUR ≙ 1,40 USD beträgt?

Lösung

				Sprich:
x EUR	≙	0,5	kg	Wie viel Euro kosten 0,5 kg,
20 000 kg	≙	36.000,00	USD	wenn 20 000 kg 36.000,00 USD kosten,
1,40 USD	≙	1,00	EUR	wenn 1,40 USD 1,00 EUR entsprechen?

Daraus ergibt sich folgender Bruch:

$$x = \frac{0{,}5 \cdot 36.000{,}00 \cdot 1{,}00}{20\,000 \cdot 1{,}40} = 0{,}64 \text{ EUR} \qquad 0{,}5 \text{ kg Baumwolle kosten } \underline{0{,}64 \text{ EUR}}$$

Kettenregel

① Die Kette wird in der Form von Gleichungen geschrieben. Sie **beginnt** mit der **gesuchten Größe** (hier: x EUR ≙ 0,5 kg).

② Das **folgende Kettenglied** beginnt mit der Bezeichnung, mit der das vorhergehende Kettenglied schließt (hier: kg – dann: USD).

③ Die Kette schließt mit der gesuchten Bezeichnung (hier: EUR).

x EUR ≙ 0,5	kg	20 000 ≙ 36.000,00	USD	1,40 ≙ 1,00 EUR

Die Kette (= „senkrechter Bruchstrich") wird gedreht. Die **rechte Seite** der Gleichungen steht (nach dem Herausstellen von x) **auf dem Bruchstrich**, die **linke Seite unter dem Bruchstrich.**

Nenner	Zähler
x EUR	0,5 kg
20 000 kg	36.000,00 USD
1,40 USD	1,00 EUR

$$x = \frac{\text{rechte Seite}}{\text{linke Seite}} \qquad x = \frac{0{,}5 \cdot 36.000{,}00}{20\,000 \cdot 1{,}40}$$

Beispiel 2 Die Bezugskosten für 42,6 t Stahlbleche betragen 908,30 €. Wie viel Euro entfallen auf eine Partie von 5,6 t?

Lösung

x €	≙	5,6 t
42,6 t	≙	908,30 €

$$x = \frac{5{,}6 \cdot 908{,}30}{42{,}6} = \underline{119{,}40 \text{ €}}$$

---

[1] Die Wechselkurse unterliegen ständigen Schwankungen. Entnehmen Sie aktuelle Wechselkurse bitte den Kurstabellen der Geldinstitute oder aus der Tagespresse.

1 Wie viel Euro beträgt der Einkaufspreis für Rohstoffe je Tonne?

	a)	b)	c)	d)
Menge	3 825 t	12 650 t	860 t	6 275 t
Gesamtpreis	229.500,00 €	664.125,00 €	51.146,00 €	409.130,00 €

2 Ein Lieferwagen verbraucht im Winter im Stadtverkehr für eine Fahrstrecke von 933 km 98,5 l Super. Wie hoch ist der Verbrauch auf 100 km?

3 Die Löhne und Gehälter eines Unternehmens betragen 58.250,00 € bei einem Umsatz von 282.500,00 €. Wie viel Euro Personalkosten entfallen auf 100,00 € Umsatz?

4 Wie viel Euro kosten 5 t Kautschuk, wenn 1 am. lb in Boston mit 1,18 USD angeboten wird?
(100 am. lbs ≙ 1 cwt; 1 am. cwt ≙ 45,357 kg; 1,36 USD ≙ 1,00 EUR)

5 Einem Importeur wird ein Posten Kaffee „Santos" zu 141,50 c je lb frei Hafen New York angeboten.

a) Wie viel Euro kosten 3 500 kg frei Hafen New York?
b) Wie viel Euro kostet die Partie frei Rösterei Bremen, wenn je 100,00 EUR Einkaufspreis (auch angef. 100,00 EUR) 6,50 EUR Bezugskosten entstehen?
(1 am. lb ≙ 0,4536 kg; 1,48 USD ≙ 1,00 EUR)

6 Ein deutscher Anbieter will Filetiermaschinen zum Preis von 21.400,00 EUR fob Hamburg exportieren. Zu welchen Preisen müssen die Maschinen in Landeswährung in Kapstadt und Montreal angeboten werden? (Kurse: 1,00 EUR ≙ 12,7095 ZAR [Rand]; 1,00 EUR ≙ 1,5728 CAD [kan.-$])

Kapstadt _____ ZAR

Montreal _____ CAD

7 Ein Weinimporteur kauft in Australien 12 000 Flaschen Rotwein zum Preis von 4,42 AUD (austral. $) je Flasche. Wie viel Euro kostet die Sendung? (1,00 EUR ≙ 1,42 AUD)

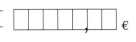

8 Vergleichen Sie folgende Preisnotierungen für Baumwolle:

a) Bremen: 1,802 EUR je kg
b) New York: 75,60 c je am. lb
c) New Orleans: 68,25 c je am. lb
(100 am. lbs ≙ 45,357 kg; 1,38 USD ≙ 1,00 EUR)

New York _____ €

New Orleans _____ €

Wie hoch ist der Preis in Euro für 1 kg an den Auktionsorten?
Worauf beruhen die Preisunterschiede?

2 Verteilungsrechnen

Beim Verteilungsrechnen werden Gesamtsummen anteilmäßig auf Einzelpositionen verteilt, um Gewinne, Kosten oder andere Werte aufzuschlüsseln. Verteilungsschlüssel sind Einzelmengen und Anteile (z. B. ganze Zahlen, Brüche).

Beispiel 1 **Ganze Zahlen als Verteilungsschlüssel**

Das Stadtbauamt stellt drei Unternehmen die Anliegerkosten von 260.000,00 € für den Straßenbau im Gewerbegebiet in Rechnung, die nach der Länge der Straßenfront im Verhältnis 6 : 5 : 2 zu verteilen sind.
Wie hoch ist der Baukostenanteil der Unternehmen?

Lösung

Unternehmen	Anteile	Baukosten in €
A	6	120.000,00
B	5 ①	100.000,00 ④
C	2	40.000,00
	13 ②	260.000,00 ①
	1 ③	20.000,00

Lösungsweg

① Lösungstabelle aufstellen und gegebene Werte eintragen
   (Einzelanteile und gesamte Baukosten)
② Summe der Anteile errechnen (13 Teile)
③ Baukosten für 1 Anteil ermitteln (260.000,00 : 13)
④ Kostenanteile der Unternehmen errechnen
   (Anteil A: 6 · 20.000,00 = 120.000,00 usw.)

Beispiel 2 **Ganze Zahlen als Verteilungsschlüssel**

An einem Handelsunternehmen sind beteiligt: A mit 80.000,00 €, B mit 200.000,00 €, C mit 120.000,00 €. Der Jahresgewinn von 160.000,00 € ist entsprechend der Kapitaleinlagen der Gesellschafter zu verteilen.

Lösung

	Anfangskapital/Beteiligung in €	Gewinn in €	neues Kapital in €
A	80.000,00	32.000,00	112.000,00
B ①	200.000,00	③ 80.000,00	④ 280.000,00
C	120.000,00	48.000,00	168.000,00
	400.000,00	① 160.000,00	560.000,00
	1,00	② 0,40	

Lösungsweg

① Lösungstabelle aufstellen und gegebene Werte eintragen
   (Kapitalanteile und Gesamtgewinn)
   Gesamtkapital ermitteln (400.000,00 €)
② Feststellen des Gewinnanteils für 1,00 € Kapital
   (160.000,00 : 400.000,00 = 0,40)
③ Schließen vom Gewinn für 1,00 € Kapital auf den Gewinn für die Kapitalanteile von A, B und C (Gewinn A: 80.000,00 · 0,40 = 32.000,00 usw.)
④ Errechnen des neuen Kapitals (Anfangskapital + Gewinn)

1 Verteilen Sie folgende Beträge:

Zahl der Beteiligten	Beträge in €	Verteilungsschlüssel
a) 3	28.800,00	2 : 4 : 3
b) 4	86.400,00	1 : 3 : 5 : 7
c) 2	892.720,00	13 : 7
d) 5	573,51	2 : 5 : 3 : 4 : 7

2 Errechnen Sie bei folgenden Beteiligungen die Gewinn- bzw. Verlustanteile und das neue Kapital.

Gesellschafter	a) in €	b) in €	c) in €	d) in €
A	400.000,00	65.000,00	70.000,00	50.000,00
B	600.000,00	135.000,00	105.000,00	80.000,00
C	–	40.000,00	45.000,00	60.000,00
D	–	90.000,00	50.000,00	120.000,00
Gewinn/Verlust	80.000,00 –	148.500,00 –	– 22.140,00	– 32.085,00

3 Ein Gewinn von 96.000,00 € wurde nach den Kapitalanteilen der drei Gesellschafter verteilt. Prüfen Sie die Abrechnung.

Gesellschafter	Altes Kapital in €	Teile in €	Gewinn in €	Neues Kapital in €
A	1.200.000,00	4	48.000,00	1.248.000,00
B	900.000,00	3	36.000,00	936.000,00
C	300.000,00	1	12.000,00	312.000,00
	2.400.000,00	8	96.000,00	2.496.000,00
		1	12.000,00	

4 Die Kosten des Fuhrparks von 83.850,00 € sind auf die Warengruppen I, II und III im Verhältnis 2 : 5 : 6 zu verteilen. Wie hoch sind die Kostenanteile der Warengruppen?

5 Für eine Ladung Bornholmer Granitsteine im Gewicht von 96 t zahlen Baustoffhändler A 3.111,00 € und B 1.785,00 € Fracht. Wie viel Tonnen haben A und B jeweils bezogen?

6 Eine Gruppe arbeitet im Akkord und erhält für den Auftrag 4.482,00 €. Müller hat 56, Kroll 60, Weller 65 Stunden gearbeitet. Die Stunden werden wegen des Schwierigkeitsgrades der Arbeiten unterschiedlich bewertet: Müller hat Wertungsziffer 1,0, Kroll 1,1 und Weller 1,2. Wie viel Euro erhält jeder?

Verteilungsrechnen

7 Prüfen Sie die Abrechnung (Verteilung nach Kapitalanteilen).

Anteilseigner	Anfangskapital in €	Verlust in €	Endkapital in €
A	136.240,00	38.147,20	174.387,20
B	184.315,00	51.608,20	235.923,20
C	86.742,00	24.287,76	111.029,76
D	67.213,00	18.819,64	86.032,64
	474.510,00	132.862,80	607.372,80
	1,00	0,28	

8 Die Werk-Fernfahrer erhalten zu ihrem Lohn eine Prämie je t/km. Von den gefahrenen t/km entfallen 260 000 t/km auf Wagen Nr. 6, 280 000 t/km auf Nr. 7, 220 000 t/km auf Nr. 9, 300 000 t/km auf Nr. 12. Das gesamte Tonnengeld beträgt 4.505,00 €. Wie hoch sind die Anteile je Fahrer?

9 Das Konto „Stromkosten" weist Aufwendungen von 51.486,88 € aus. Sie sind nach dem Verbrauch der Kostenstellen zu verteilen.

Kostenstellen	alter Zählerstand	neuer Zählerstand
Material	18 341 kWh	23 862 kWh
Fertigung	394 567 kWh	528 435 kWh
Verwaltung	266 412 kWh	267 510 kWh
Vertrieb	30 062 kWh	41 007 kWh

Wie hoch sind die Stromkosten je Kostenstelle?

10 Die Kosten für den Bau eines Privatweges in Höhe von 14.390,20 € sollen auf die drei Anlieger entsprechend der Grundstücksgrößen verteilt werden.

Grundstücksgrößen: Dorsch 890 m², Holm 1 170 m², Riemer 1 350 m²

Wie hoch ist der Kostenanteil von Riemer?

a	56,97 €
b	569,70 €
c	5.697,00 €
d	56.970,00 €
e	anderes Ergebnis, welches?

11 Die Prämie der Abteilung B soll auf die beiden Verkäuferinnen entsprechend ihrer Umsätze verteilt werden: Anita Gerlach 124.500,00 €, Gerda Post 132.200,00 €.

Wie hoch ist der Anteil von Anita Gerlach an der Jahresprämie von 3.850,50 €?

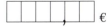

12 Eine Baumaschine, deren Monatsmiete 2.520,00 € beträgt, wird weitervermietet. Der Preis soll dem zeitlichen Nutzungsanteil entsprechen: monatliche Arbeitstage 21, Weitervermietung für 13 Arbeitstage.

Wie hoch ist der Preis für die Weitervermietung?

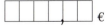

Beispiel 3 **Bruchzahlen als Verteilungsschlüssel**

Vier Unternehmer pachten gemeinsam ein Freilager. Die monatlichen Pachtkosten sollen verteilt werden: Unternehmer A trägt $\frac{1}{6}$, B $\frac{2}{5}$, C $\frac{1}{4}$ und D den Rest = 1.177,00 €. Wie hoch sind die Pachtanteile der Unternehmer A, B und C?

Lösung ①

Beteiligte	Anteile ②			Pachtanteil
A	$\frac{1}{6}$	= $\frac{10}{60}$	≙ 10 Teile	1.070,00 €
B	$\frac{2}{5}$	= $\frac{24}{60}$	≙ 24 Teile	2.568,00 €
C	$\frac{1}{4}$	= $\frac{15}{60}$	≙ 15 Teile	1.605,00 €
D	Rest =	$\frac{11}{60}$	≙ 11 Teile	**1.177,00 €**
Gesamtpacht	=	$\frac{60}{60}$	≙ 60 Teile	6.420,00 €
			1 Teil	107,00 €

③ 11 Teile ≙ 1.177,00 €
1 Teil ≙ 107,00 €

Lösungs- ① Lösungsaufstellung machen und gegebene Werte einsetzen
weg (Bruchteile/Summe des Restwertes für D)
② Hauptnenner ermitteln und Teile errechnen (1 Teil: 1.177,00 € : 11 = 107,00 €)
③ Pachtkosten auf A, B und C verteilen; Gesamtpacht errechnen

13 Errechnen Sie die Anteile der Beteiligten.

Zahl der Beteiligten	Verteilungsmenge	Verteilungsschlüssel
a) 3	1.890,00 €	$\frac{1}{3} : \frac{1}{2} : \frac{1}{6}$
b) 4	? €	$\frac{3}{10} : \frac{1}{6} : \frac{1}{4}$: Rest = 7.650,00 €
c) 3	9 600 m	$\frac{2}{5} : \frac{1}{4}$: Rest
d) 4	11 160 kg	$\frac{3}{8} : \frac{2}{9} : \frac{1}{4}$: Rest
e) 4	? €	$\frac{1}{3} : \frac{1}{4} : \frac{7}{24}$: Rest = 1.141,50 €

14 4 Gesellschafter sind an einem Unternehmen beteiligt:

A mit $\frac{2}{5}$, B mit $\frac{1}{9}$, C mit $\frac{4}{15}$ und D mit dem Rest.

Das GuV-Konto des Unternehmens weist als Summe der Erträge 17.520.500,00 € und als Summe der Aufwendungen 16.843.250,00 € aus.

Der Gewinn ist im Verhältnis zur Beteiligung zu verteilen.

15 Am Jahresende wird eine Sonderzahlung von 34.500,00 € an 3 Mitarbeiter unserer Vertriebsgesellschaft geleistet, die nach der Zeit der Zugehörigkeit zum Unternehmen verteilt wird:
A gehört seit $5\frac{3}{4}$ Jahren, B seit $4\frac{1}{2}$ Jahren und C seit 7 Jahren zum Leitungsteam.

Wie viel Euro erhält jeder?

Verteilungsrechnen

16 4 Straßenbauunternehmer betreiben einen Steinbruch. Von den geförderten Steinen erhielten Unternehmen A ⅙, B ¼, C ⅖ und D 3 113 m³.
a) Wie hoch war die Gesamtausbeute?
b) Wie viel m³ erhielten die Unternehmen A, B und C?

17 Ein Bezirksvertreter erhält 85.200,00 € als Bezirksprovision überwiesen. Dem Bezirksvertreter steht ¼ zu; der Rest ist auf die Untervertreter im Verhältnis ihrer Umsatzerfolge zu verteilen. Verkäufe: Untervertreter Farrel 84, Kramer 75, Dantz 102, Kollin 94 Stück. Wie viel Provision erhalten der Bezirks- und die Untervertreter?

18 Die monatlichen Kosten einer Maschine betragen 12.924,10 € (Abschreibungen, Zinsen, Versicherung, Steuern, Wartung, Strom u. a.). Der Anteil der fixen Kosten wurde mit ⅝ berechnet.

Wie hoch ist der Anteil der variablen Kosten in Euro?  €

Beispiel 4 **Verteilung mit Vorleistungen**
A und B sind an der Ausbeutung einer Kiesgrube beteiligt. Von den 62.000,00 € Gewinn soll B 6.000,00 € mehr als A erhalten. Wie hoch sind ihre Gewinnanteile?

Lösung

Beteiligte	Anteile	Gewinn	
① A	1 Teil	28.000,00 €	
B	1 Teil + 6.000,00 €	34.000,00 €	
②	2 Teile + 6.000,00 €	62.000,00 €	Gesamtgewinn ③
	2 Teile	56.000,00 €	(− 6.000,00 €)
	1 Teil	28.000,00 €	

Lösungsweg
① Lösungsschema aufstellen und gegebene Werte einsetzen (gleiche Teile für A und B plus Zusatzleistung für B, Gesamtgewinn)
② Teile addieren und Wert für 1 Teil errechnen
(2 Teile = 62.000,00 − 6.000,00)
③ Verteilung auf die Beteiligten

Beispiel 5 **Verteilung mit Vor- und Nachleistungen**

Drei Gesellschafter betreiben gemeinsam ein Transportunternehmen, an dem A 5 Anteile, B 4 Anteile und C 3 Anteile halten.
Der Quartalsgewinn beträgt 50.000,00 €. Bei der Gewinnverteilung ist zu berücksichtigen, dass C für die Übernahme einer Sonderaufgabe 7.000,00 € zusätzlich erhält und A wegen Herabsetzung seines Kapitalanteils 5.000,00 € weniger bekommt.
Wie hoch sind die Gewinnanteile?

Lösung

Beteiligte	Anteile		Gewinn
A:	5 Teile	− 5.000,00 €	15.000,00 €
① B:	4 Teile		16.000,00 € ③
C:	3 Teile	+ 7.000,00 €	19.000,00 €
	12 Teile	+ 2.000,00 €	50.000,00 €
②	12 Teile		48.000,00 €
	1 Teil		4.000,00 €

Lösungsweg

① Lösungsaufstellung machen und gegebene Werte einsetzen (Teile, Zusatzbedingungen, Gesamtgewinn)

② Teile und Zusatzleistungen addieren; Wert für 1 Teil feststellen

③ Verteilung auf die Anteilseigner

19 2 Mitarbeiter eines Elektromarktes erhalten eine Prämie von 7.500,00 € für innerbetriebliche Verbesserungsvorschläge. Von der Prämie soll A 500,00 € mehr als B erhalten.
Wie viel Euro erhält jeder?

20 An einer Vertriebsgesellschaft sind die Unternehmer A mit 1.600.000,00 €, B mit 800.000,00 € und C mit 1.200.000,00 € beteiligt. Der Jahresgewinn von 550.000,00 € ist nach Anteilen an dem Unternehmen zu verteilen, wobei zu berücksichtigen ist, dass C als Pacht für das Betriebsgelände zusätzlich 45.000,00 € erhält und B 35.000,00 € Vorauszahlung anzurechnen sind.

21 40.350,00 € sollen an die Gesellschafter A, B und C so verteilt werden, dass B 2.000,00 € mehr als A und C 2.000,00 € mehr als B erhält.

22 Vom Gewinn einer Lottogemeinschaft von 7.750,00 € erhält A doppelt so viel wie B plus 300,00 €, C doppelt so viel wie A minus 150,00 €.
Wie viel Euro erhält jeder der Beteiligten?

23 Drei Geschwister erhalten eine Erbschaft von 230.000,00 €. A muss sich für das Studium 50.000,00 € anrechnen lassen, B soll für eine Ausbildung zusätzlich 10.000,00 € erhalten.
Errechnen Sie die Anteile der Geschwister an der Erbschaft.

Verteilungsrechnen

Beispiel 6 **Gewinnverteilung zu unterschiedlichen Bedingungen**

An einem Einzelhandelsunternehmen sind A mit 120.000,00 € und B mit 400.000,00 € beteiligt. Der Gewinn von 85.200,00 € ist nach den Vorschriften des Gesellschaftsvertrages zu verteilen:

A erhält vorab 30.000,00 €, die Kapitalanteile werden mit 6 % verzinst, der Restgewinn wird im Verhältnis 3 : 1 verteilt.

Wie hoch sind die Gewinnanteile der Gesellschafter? Der Gewinn wird den Kapitalkonten gutgeschrieben.

Lösung

	Anfangs-kapital in €	Geschäfts-führungs-anteil in €	6 % Zinsen in €	Restgewinn in €	Gesamt-gewinn in €	neues Kapital in €
A	120.000,00	30.000,00	7.200,00	3 T = 18.000,00	55.200,00	175.200,00
B	400.000,00	–	24.000,00	1 T = 6.000,00	30.000,00	430.000,00
	520.000,00	30.000,00	31.200,00	4 T = 24.000,00 1 T = 6.000,00	85.200,00	605.200,00

Lösungsweg

① Tabelle aufstellen und gegebene Werte eintragen
   (Anfangskapital, Geschäftsführungsvergütung, Gesamtgewinn, Verteilungsverhältnis für Restgewinn: 3 : 1)
② Verzinsung des Eigenkapitals errechnen
③ Ermitteln des Restgewinns:

Gesamtgewinn	85.200,00 €
– Geschäftsführung	30.000,00 €
– Zinsen	31.200,00 €
Restgewinn	24.000,00 €

④ Errechnen der Anteile der Gesellschafter am Restgewinn
⑤ Ermitteln des Gesamtgewinns je Gesellschafter = Geschäftsführungsanteil + Zinsen + Restgewinn
⑥ Errechnen des neuen Kapitals: Anfangskapital + Gesamtgewinn

24 An einer OHG sind die Gesellschafter A mit 300.000,00 €, B mit 450.000,00 € und C mit 480.000,00 € beteiligt.

Vom Jahresgewinn von 133.200,00 € erhält jeder der Gesellschafter 4 % Zinsen auf seine Einlagen, der Rest wird nach Köpfen verteilt.

Errechnen Sie den Gewinn der Gesellschafter und das neue Kapital.

25 Die Gesellschafter Manner (Eigenkapital 260.000,00 €) und Köster (Eigenkapital 140.000,00 €) betreiben ein Unternehmen für die Herstellung von Fahrradzubehör.

Der Jahresgewinn beträgt 174.540,00 €. Das Eigenkapital wird mit 7,5 % verzinst, der Restgewinn ist im Verhältnis 5 : 7 zu verteilen. Der Gesamtgewinn wird den Eigenkapitalkonten gutgeschrieben.

26 An einer Druckerei KG mit einem Eigenkapital von 1.200.000,00 € sind der Komplementär A mit 625.000,00 € und der Kommanditist B (fester Kapitalanteil) mit dem Rest beteiligt. Der Gesamtgewinn beträgt 451.000,00 €.

Im Gesellschaftsvertrag ist folgende Gewinnverteilung vorgesehen: A erhält für die Geschäftsführung vorab 100.000,00 € ausgezahlt; das Eigenkapital der Gesellschafter wird mit 12 % verzinst; der Restgewinn ist im Verhältnis 4 : 5 zu verteilen.

Der nicht ausgezahlte Gewinn des Vollhafters wird seinem Kapitalkonto gutgeschrieben. Der Gewinn des Teilhafters wird ausgezahlt.

Errechnen Sie den Gewinn der Gesellschafter und das neue Kapital der Beteiligten und der KG.

27 An einem Unternehmen sind beteiligt: Unternehmer A mit 76.000,00 €, B mit 112.000,00 € und C mit 180.000,00 €. Der Gewinn von 132.452,60 € ist laut Gesellschaftsvertrag zu verteilen: A erhält vorab 74.000,00 € für das Führen der Geschäfte ausgezahlt. A, B und C erhalten dann ihre Kapitalanteile zu 6 % verzinst, der Restgewinn ist im Verhältnis 4 : 3 : 3 zu verteilen. Wie hoch ist das neue Kapital?

Prüfen Sie die Abrechnung.

Teilhaber	Beteiligung	Vergütung für Geschäftsführung	6 % Zinsen	Restgewinn	Gesamtgewinn	neues Kapital
	in €	in €	in €	in €	in €	in €
A	76.000,00	74.000,00	4.560,00	4 T ≙ 14.549,04	93.109,04	169.109,04
B	112.000,00	–	6.720,00	3 T ≙ 10.911,78	17.631,78	129.631,78
C	180.000,00	–	10.800,00	3 T ≙ 10.911,78	21.711,78	201.711,78
	368.000,00	74.000,00	22.080,00	10 T ≙ 36.372,60	132.452,60	500.452,60
				1 T ≙ 3.637,20		

3 Durchschnittsrechnen

Mit der Durchschnittsrechnung werden Mittelwerte berechnet. Das sind zum Beispiel Durchschnittspreise, Durchschnittsumsätze, Durchschnittsgewichte, Durchschnittsentfernungen, durchschnittliche Fehlerhäufigkeiten.

3.1 Einfacher Durchschnitt

Der Durchschnitt wird aus *mehreren Werten mit gleichen Mengen* errechnet.

$$\text{Einfacher Durchschnitt} = \frac{\text{Summe der einzelnen Werte}}{\text{Anzahl der Werte}}$$

Beispiel Eine Rösterei mischt drei Sorten Kaffee zum Bezugspreis von 5,45 €, 5,72 €, 5,81 € je kg. Wie hoch ist der Durchschnittspreis für 1 kg Kaffee?

Lösung

Sorte I	1 kg zu	5,45 €
Sorte II	1 kg zu	5,72 €
Sorte III	1 kg zu	5,81 €
Bezugspreis	3 kg	16,98 €
Bezugspreis	1 kg	5,66 €

$$\left(\frac{5,45 + 5,72 + 5,81}{3} = \frac{16,98}{3} = 5,66\right)$$

1 Stellen Sie die Durchschnittspreise der Waren fest.

	a)	b)	c)	d)
1 kg zu	0,93 €	6,20 €	19,44 CHF	38,71 USD
1 kg zu	1,02 €	6,23 €	28,06 CHF	21,09 USD
1 kg zu	1,11 €	9,11 €	31,25 CHF	20,36 USD

2 Ein Händler verkauft einen Artikel in Holzfässern. Wie hoch ist die zu berechnende Durchschnittstara, wenn die Stichprobenfässer folgende Gewichte hatten?

25-kg-Fass:	6,953 kg	7,009 kg	6,827 kg	6,903 kg	7,210 kg
	7,053 kg	7,000 kg	6,994 kg	6,899 kg	7,152 kg
50-kg-Fass:	11,762 kg	11,757 kg	11,741 kg	11,729 kg	
	11,782 kg	11,799 kg	11,721 kg	11,709 kg	

3 Eine CNC-gesteuerte Drehmaschine wurde am Montag 5,5, Dienstag 8, Mittwoch 6, Donnerstag 7 und Freitag 6,5 Stunden eingesetzt.

a) Wie hoch war der durchschnittliche arbeitstägliche Einsatz der Maschine in dieser Woche? (Stunden und Minuten)

b) Wie viel Euro kostet eine Maschinenstunde, wenn in dieser Woche 11.025,12 € an Kosten (Arbeits- und Ruhekosten) entstanden sind?

4 Als Lizenzgebühr für ein Gebrauchsmuster wurden 0,45 € je verkauftes Stück vereinbart. In den letzten fünf Jahren wurden verkauft: 1. Jahr 13 672, 2. Jahr 14 239, 3. Jahr 14 965, 4. Jahr 15 033, 5. Jahr 15 896 Stück.

a) Wie hoch war der durchschnittliche Jahresabsatz?
b) Wie hoch waren die Lizenzeinnahmen je Jahr?
c) Wie hoch waren die durchschnittlichen Lizenzeinnahmen im Jahr?

5 In den letzten Jahren hatte ein Unternehmen folgende Forderungsausfälle (in €):

	Inland	Ausland	davon EU
1. Jahr	14.822,00	17.988,00	7.288,00
2. Jahr	22.136,00	17.151,00	8.100,00
3. Jahr	15.268,00	19.022,00	6.502,00
4. Jahr	16.315,00	31.315,00	9.200,00
5. Jahr	29.662,00	17.733,00	5.103,00

a) Wie hoch waren die durchschnittlichen Forderungsausfälle der letzten fünf Jahre im Inlands-, Auslands- und EU-Geschäft?
b) Wie hoch ist der durchschnittliche Jahresforderungsausfall für das Inlands- und Auslandsgeschäft insgesamt?

6 Prüfen Sie die Rechnung.

Umsätze Kasse 1: 18. Woche – Kassiererin Kerstin Müller			
Montag	3.520,00 €	Übertrag	10.226,00 €
Dienstag	2.480,00 €	Freitag	8.159,00 €
Mittwoch	ges. Feiertag	Samstag	7.355,00 €
Donnerstag	4.226,00 €	Ges. Umsatz	25.740,00 €
Übertrag	10.226,00 €	Ø je Tag	4.290,00 €

7 Ein Reisender erhält lt. Vertrag im Urlaubsmonat August das Fixum von 2.800,00 € und als Provision die monatliche Durchschnittsprovision des letzten Jahres. (Der Urlaubsmonat bleibt unberücksichtigt.)
Provisionen des letzten Jahres (in €):

Sept. 2.200,00   Jan. 1.960,00   Mai 2.140,00
Okt. 2.440,00   Febr. 2.320,00   Juni 2.380,00
Nov. 2.680,00   März 2.020,00   Juli 2.260,00
Dez. 2.080,00   April 2.260,00

Wie hoch ist die Provision im Urlaubsmonat?

Durchschnittsrechnen

8 Bei Betriebsunfällen sind im letzten Geschäftsjahr folgende Sachschäden eingetreten:

Nr. 6	7.000,00 €	Nr. 52	1.800,00 €
Nr. 13	24.500,00 €	Nr. 73	35.100,00 €
Nr. 30	400,00 €	Nr. 79	6.300,00 €
Nr. 51	10.900,00 €		

Wie hoch ist der Durchschnittswert der Unfallschäden?

a	282,89 €
b	1.088,61 €
c	12.285,71 €
d	86.000,00 €
e	anderes Ergebnis, welches?

3.2 Gewogener Durchschnitt

Der gewogene Durchschnitt wird aus *mehreren Werten mit unterschiedlichen Mengen (mit unterschiedlicher Gewichtung)* errechnet.

$$\text{Gewogener Durchschnitt} = \frac{\text{Summe der Gesamtwerte}}{\text{Gesamtmenge}}$$

Beispiel Eine Rösterei mischt für uns drei Sorten Kaffee, Sorte I 12 kg zu 5,45 € je kg, Sorte II 7 kg zu 5,72 € je kg, Sorte III 21 kg zu 5,81 € je kg. Wie hoch ist der Durchschnittspreis für 1 kg dieser Mischung?

Lösung

Sorte I	12 kg zu 5,45 € je kg	=	65,40 €
Sorte II	7 kg zu 5,72 € je kg	=	40,04 €
Sorte III	21 kg zu 5,81 € je kg	=	122,01 €
	40 kg Röstkaffee kosten		227,45 €
	1 kg Röstkaffee kostet		5,69 € (227,45 : 40 = 5,69)

1 Wie hoch sind die Durchschnittspreise je Liter der Mischung?

	a)	b)	c)
4 l zu	28,19 € je l	61,37 € je l	1,92 CHF je l
105 l zu	4,05 € je l	9,40 € je l	0,50 CHF je l
68 l zu	0,31 € je l	0,38 € je l	0,09 CHF je l
33 l zu	9,22 € je l	4,18 € je l	1,06 CHF je l

2 Ermitteln Sie den Durchschnittspreis für 100 kg der Mischung.

Ware A	980 kg	zu	367,00 € je 100 kg
Ware B	2,3 t	zu	215,00 € je 100 kg
Ware C	0,4 t	zu	94,50 € je t
Ware D	710 kg	zu	866,50 € je t

3 Wie hoch ist der durchschnittliche Einkaufspreis? 500 Stück zu 0,80 € je Stück, 200 zu 0,81 € je Stück, 900 zu 0,78 € je Stück.

4 Bei einem Süßwarenhersteller wurden die Kosten für 0,5 kg einer aus 3 Sorten zusammengesetzten Probemischung „Süß und Sauer" ermittelt, die als neues Produkt im Einzelhandel angeboten werden soll.

Zusammensetzung der Mischung:

Sorte I: 5 kg zu 15,50 € je kg
Sorte II: 4 kg zu 14,00 € je kg
Sorte III: 6 kg zu 10,30 € je kg
―――――――――――――――――――――――――
           15 kg   = 39,80 €
            1 kg   = 2,65 €
          0,5 kg   = 1,33 €   Prüfen Sie die Rechnung.

5 Ein Lederwarenhersteller bezieht Häute:

20 Kalbfelle bis   4,5 kg zu 4,75 € je kg   Gesamtgewicht 86,2 kg
55 Kalbfelle bis   7,5 kg zu 3,75 € je kg   Gesamtgewicht 304,7 kg
 8 Kalbfelle über   7,5 kg zu 3,40 € je kg   Gesamtgewicht 64,9 kg

Wie hoch ist der durchschnittliche Einkaufspreis für 1 kg Kalbfell?

6 Ein Unternehmer kauft Land zu verschiedenen Preisen, um den Standort an den Stadtrand zu verlegen:

 8 600 m² zu 39,00 € je m²   9 700 m² zu 143,00 € je m²
15 000 m² zu 52,00 € je m²   30 200 m² zu 121,00 € je m²

a) Wie hoch ist der Gesamtwert der Grundstücke?
b) Wie viel Euro kostet 1 m² Land im Durchschnitt?
c) Wie viel Euro kostet 1 m² Bauland im Durchschnitt, wenn an Erschließungskosten 7.100.000,00 € anfallen?

7 Als Kalkulationsunterlage benötigt ein Versandhändler den durchschnittlichen Auftragswert. Im vergangenen Rechnungszeitraum wurden ausgeführt:

128 Aufträge zu 40,00 € je Auftrag   288 Aufträge zu 70,00 € je Auftrag
156 Aufträge zu 50,00 € je Auftrag   196 Aufträge zu 80,00 € je Auftrag
312 Aufträge zu 55,00 € je Auftrag   141 Aufträge zu 90,00 € je Auftrag
402 Aufträge zu 60,00 € je Auftrag   115 Aufträge zu 100,00 € je Auftrag

Auf wie viel Euro lautet der Durchschnittsauftrag?

8 Ein Bekleidungswerk verkauft das Modell „Mercedes":
104 Stück mit 11,00 € Gewinn je Stück an Einzelhändler
 62 Stück mit 6,50 € Gewinn je Stück an Großhändler
 13 Stück ohne   Gewinn je Stück vor dem Ausverkauf und
  7 Stück mit 12,50 € Verlust je Stück während des Ausverkaufs im Werksladen

Wie hoch war der durchschnittliche Gewinn je Kleid?

Durchschnittsrechnen

9 Die Fahrer eines Möbelhauses erhalten für unfallfreie Auslieferung Prämien: 3 Fahrer erhalten je 750,00 €, 2 Fahrer je 500,00 €, 1 Fahrer 450,00 € und 4 Fahrer je 400,00 €.

Zur Vorbereitung einer innerbetrieblichen Tarifvereinbarung werden die Durchschnittsprämien ermittelt:

3 Fahrer je 750,00 € Prämie	=	2.250,00 €
2 Fahrer je 500,00 € Prämie	=	1.000,00 €
1 Fahrer 450,00 € Prämie	=	450,00 €
4 Fahrer je 400,00 € Prämie	=	1.600,00 €
Summe der Prämien	=	5.300,00 €
Durchschnittsprämie	=	1.325,00 €

Prüfen Sie die Abrechnung.

10 Ein Unternehmen stellt nach jedem Zugang den durchschnittlichen Bezugspreis je Stück fest. Wie hoch sind die durchschnittlichen Bezugspreise der in die Fertigung abgegebenen Mengen (je Stück und insgesamt)? Wie hoch ist der Schlussbestand?

01.01. Anfangsbestand .... 2 560 Stück zu 3,18 € je Stück
15.01. Verkauf .... 1 420 Stück
24.01. Einkauf .... 3 500 Stück zu 3,10 € je Stück
29.01. Verkauf ....   500 Stück
07.02. Einkauf .... 1 200 Stück zu 3,29 € je Stück
22.02. Verkauf ....   900 Stück
07.03. Einkauf .... 1 300 Stück zu 3,38 € je Stück
20.03. Verkauf .... 2 400 Stück

11 Für die Herstellung eines Delikatesssalates werden eingesetzt:

200 kg Wurst .... zu   8,10 € je kg
 60 kg Gewürzgurken .... zu   1,95 € je kg
 25 kg Äpfel .... zu   0,52 € je kg
 10 kg Sellerie .... zu   1,27 € je kg
 72 kg Mayonnaise .... zu   4,20 € je kg
  6 kg Gewürzmischung .... zu 29,92 € je kg

Wie hoch sind die Kosten für die Zutaten für 1 kg Salat? ☐☐,☐☐ €

4 Prozentrechnen/Promillerechnen[1]

In der **Prozentrechnung** werden durch die **Vergleichszahl 100 ungleiche (absolute) Zahlenwerte** zueinander in Beziehung gesetzt und durch den **Prozentsatz = vom Hundertsatz = %** vergleichbar gemacht.

Beispiel Ein Unternehmen prüft die Rabattsätze von zwei Waren:
Ware I: Angebotspreis 3.000,00 € − 300,00 € Rabatt
Ware II: Angebotspreis 5.000,00 € − 350,00 € Rabatt

Lösung Der Rabatt ist bei Ware II (in absoluten Zahlen) um 50,00 € höher als bei Ware I. Durch die **unterschiedlichen Angebotspreise** (3.000,00 €/5.000,00 €) sind die Rabatte nicht direkt vergleichbar. Die Vergleichbarkeit kann erreicht werden, wenn die Rabatte auf **100,00 € des jeweiligen Angebotspreises** bezogen werden:

Ware I: Angebotspreis	Rabatt	**Ware II:** Angebotspreis	Rabatt
3.000,00 € −	300,00 €	5.000,00 € −	350,00 €
100,00 € −	x €	100,00 € −	x €

$$x = \frac{300,00 \cdot 100,00}{3.000,00} = 10,00 \text{ €} \qquad x = \frac{350,00 \cdot 100,00}{5.000,00} = 7,00 \text{ €}$$

Auf 100,00 € Angebotspreis entfallen 10,00 € Rabatt = 10 vom Hundert = 10/100 = 10 %.

Auf 100,00 € Angebotspreis entfallen 7,00 € Rabatt = 7 vom Hundert = 7/100 = 7 %.

Der Rabattsatz bei Ware I ist auf 100,00 € Angebotspreis bezogen höher als bei Ware II.

Die **drei Rechengrößen der Prozentrechnung** ergeben sich aus dem Beispiel:

1. Grundwert (im Beispiel die Angebotspreise 3.000,00 €/5.000,00 €)
Der Grundwert ist Ausgangs- und Bezugswert für alle Rechenschritte in der Prozentrechnung. Er ist die **Grundlage** für das Errechnen des Prozentwertes und des Prozentsatzes.
Der **reine Grundwert = 100 %** kann z. B. durch Umsatzsteigerungen oder Preiserhöhungen *vermehrt* (**Vermehrter Grundwert: > 100 %**) oder durch z. B. Umsatzrückgang oder Preissenkungen *vermindert* werden (**Verminderter Grundwert < 100 %**).

2. Prozentsatz (im Beispiel die Rabattsätze 10 %/7 %)
Der Prozentsatz zeigt den Prozentwert als vom Hundertsatz des Grundwertes.

3. Prozentwert (im Beispiel die Rabatte 300,00 €/350,00 €)
Der Prozentwert ergibt sich aus dem Prozentsatz und dem Grundwert. Er kann Teil oder Vielfaches des Grundwertes sein.

---
[1] Die Begriffe Prozent und Promille stammen aus dem Lateinischen:
 – pro centum = vom Hundert (z. B. 100 Cent = 1,00 €)
 – pro mille = vom Tausend

Prozentrechnen/Promillerechnen

7 %	von	5.000,00 €	=	350,00 €
Prozentsatz		**Grundwert**		**Prozentwert**
= 7/100 vom Grundwert		≙ 100 % = 100/100		Ergebnis aus Prozentsatz und Grundwert $\frac{7 \cdot 5.000,00}{100} = 350,00$

1 % = $\frac{1}{100}$ = der 100. Teil vom Grundwert

Promillerechnung

In einigen Fällen wird auch die **Vergleichszahl 1 000** gewählt, z. B. bei Werten, die kleiner als 1 % sind. Dann wird vom Tausend = ‰ gerechnet.

1 ‰ = $\frac{1}{1\,000}$ = der 1 000. Teil vom Grundwert

4.1 Errechnen des Prozent-/Promillewertes

4.1.1 Prozent-/Promillewert vom reinen Grundwert (vom Hundert/vom Tausend)

Der Prozent-/Promillewert wird aus dem %-/‰-Satz und dem Grundwert = 100 %/1 000 ‰ errechnet.

Beispiel 1 **Prozentwert**
Ein Lieferant gewährt auf einen Preis von 3.720,00 € aufgrund einer Mängelrüge einen Preisnachlass von 15 %. Wie hoch ist der Rechnungsabzug?

Lösung **Gegeben:** Preis 3.720,00 € = Grundwert = 100 %;
Preisnachlass 15 % = %-Satz

Gesucht: Prozentwert in €

mit Dreisatz[1]   **mit Kettensatz**

100 % ≙ 3.720,00 €   x € ≙ 15 %
15 % ≙ x €   100 % ≙ 3.720,00 €

$x = \frac{3.720,00 \cdot 15}{100} = \underline{558,00\ €} = \frac{15 \cdot 3.720,00}{100} = x$

Formel/Lösung

$$\text{Prozentwert} = \frac{\text{Grundwert} \cdot \text{Prozentsatz}}{100} \rightarrow \frac{3.720,00 \cdot 15}{100} = \underline{\underline{558,00\ €}}$$

---

[1] %- und ‰-Rechnungen sind immer gerade Dreisätze. Sie können daher auch mit dem Kettensatz gelöst werden.

Beispiel 2 — Promillewert

Für den Bezug von Fertigteilen wird eine Transportversicherung abgeschlossen. Die Versicherungsprämie beträgt 8 ‰ vom Warenwert = 60.000,00 €.
Wie viel Euro betragen die Versicherungskosten?

Lösung

Gegeben: Warenwert 60.000,00 € = Grundwert = 1 000 ‰;
Versicherungsprämie 8 ‰ = ‰-Satz

Gesucht: Versicherungskosten = Promillewert in €

mit Dreisatz

1 000 ‰ $\hat{=}$ 60.000,00 €
8 ‰ $\hat{=}$ x €

$$x = \frac{60.000,00 \cdot 8}{1\,000} = 480,00\,€$$

mit Kettensatz

x € $\hat{=}$ 8 ‰
1 000 ‰ $\hat{=}$ 60.000,00 €

$$= \frac{8 \cdot 60.000,00}{1\,000} = x$$

Formel/Lösung

$$\text{Promillewert} = \frac{\text{Grundwert} \cdot \text{Promillesatz}}{1\,000} \rightarrow \frac{60.000,00 \cdot 8}{1\,000} = 480,00\,€$$

---

1 Berechnen Sie im Kopf 100 %; 10 %; 1 %; 1 ‰ von:

a) 3.500,00 € c) 325.625,75 € e) 2,45 € g) 17,30 €
b) 19.200,03 € d) 293.278,25 € f) 1.820,77 € h) 294,45 €

2 Berechnen Sie im Kopf (Werte in €):

a) 3 % von 260,00 c) 1½ % von 3.600,00 e) ¾ % von 840,00
b) 5 ‰ von 15.300,00 d) 3 ‰ von 19,00 f) 50 % von 5.250,00

3 Berechnen Sie:

a) 8 % von 6.735,80 € c) ½ % von 27.326,91 €
b) 0,3 % von 1.780,725 kg d) 3,25 % von 89,125 kg

4 Wie hoch sind die Versicherungsprämien?

a) 2 ‰ von 27.500,00 € c) 0,5 ‰ von 7.832,00 €
b) 1,25 ‰ von 284.695,00 € d) 0,9 ‰ von 1.450,00 €

5 Das Bruttogewicht einer Ware beträgt 176,500 kg, das Gewicht der Tara 5,5 %. Wie viel wiegt die Tara? Wie hoch ist das Nettogewicht?

6 In einem Insolvenzverfahren beträgt die Insolvenzquote 15 %. Die Forderung gegen den Schuldner betrug 4.320,00 €. Wie viel Euro überweist der Insolvenzverwalter? Wie hoch ist der Forderungsausfall?

Beispiel 3 Erstellen einer Rechnung

Ein Kunde bestellt zwei Waren. Ware I: 35 kg zu 7,80 € je kg.
Ware II: 15 kg zu 11,20 € je kg.

Auf die Listenpreise werden für Ware I 30 % Rabatt und für Ware II 10 % Rabatt gewährt. Es ist die Rechnung einschließlich 19 % USt aufzustellen.

Lösung

Rechnung

Ware I:	35 kg zu 7,80 €	273,00 €	
	− 30 % Rabatt	81,90 €	191,10 €
Ware II:	15 kg zu 11,20 €	168,00 €	
	− 10 % Rabatt	16,80 €	151,20 €
	Warenwert		342,30 €
	+ 19 % USt		65,04 €
	Rechnungssumme		407,34 €

7 Über welche Beträge lauten die Rechnungen?

	Listenpreis für Warengruppe	Rabatt	USt
a)	I: 520 kg zu 2,73 € je kg II: 165 kg zu 1,83 € je kg	15 % 25 %	7 %
b)	I: 240 m zu 72,25 € je m II: 120 m zu 34,12 € je m III: 88 m zu 18,75 € je m	6 % 8,5 % 8,2 %	19 %

8 Am Schluss des Geschäftsjahres sind folgende Abschreibungen vorzunehmen:

	Buchwert	Abschreibungssatz
Bebaute Grundstücke	480.000,00 €	2½ %
Fuhrpark	36.720,00 €	20 %
Geschäftsausstattung	73.720,00 €	10½ %
Forderungen	2.640,00 €	95 %

a) Wie hoch sind die Restbuchwerte nach der Abschreibung?
b) Wie hoch ist die Gesamtabschreibungssumme?

9 Ein Lieferant erhöht die Preise für Freizeitanzüge von 157,80 € um 17½ % und für Sportwesten von 89,25 € um 20 %. Die Preise der Windjacken werden von 125,80 € um 12,375 %, die für Kinderjeans von 43,20 € um 10 % gesenkt. Wie hoch sind die neuen Listenpreise?

10 An einer OHG sind 4 Gesellschafter beteiligt: A mit 36,4 %, B mit 14,5 %, C mit 25,1 % und D mit 193.200,00 €. Der Gewinn von 256.400,00 € soll nach dem HGB (4 % auf Einlagen, Rest nach Köpfen) verteilt und den Kapitalkonten gutgeschrieben werden.
Wie hoch ist der Anteil der Gesellschafter an der OHG in Euro vor und nach der Gewinnverteilung? Wie hoch ist das Eigenkapital der OHG?

4.1.2 Prozent-/Promillewert vom vermehrten Grundwert (auf Hundert/auf Tausend)

Beispiel 1 **Prozentrechnen**

Ein Angestellter wird Filialleiter. Er erhält jetzt 2.896,80 € Gehalt. Die Gehaltserhöhung beträgt 6,5 %.

Wie hoch war das ursprüngliche Gehalt? Wie viel Euro beträgt die Gehaltserhöhung?

Lösung Das neue Gehalt von 2.896,80 € ist der um 6,5 % **vermehrte Grundwert** (Grundwert +) = 106,5 % des reinen Grundwertes:

altes Gehalt	+	Gehaltserhöhung	=	neues Gehalt
Grundwert 100 %	+	Vermehrung 6,5 %	=	vermehrter Grundwert 106,5 %

Gegeben: neues Gehalt (2.896,80 €) = vermehrter Grundwert = 106,5 %; %-Satz: 6,5 % Gehaltserhöhung

Gesucht: Gehaltserhöhung in € = Prozentwert; altes Gehalt = reiner Grundwert = 100 %

mit Dreisatz

106,5 % ≙ 2.896,80 €
6,5 % ≙ x €

$$x = \frac{2.896{,}80 \cdot 6{,}5}{106{,}5} = \underline{\underline{176{,}80\ €}}$$

mit Kettensatz

x € ≙ 6,5 %
106,5 % ≙ 2.896,80 €

$$= \frac{6{,}5 \cdot 2.896{,}80}{106{,}5} = x$$

Formel/Lösung

$$\text{Prozentwert} = \frac{\text{Grundwert (+)} \cdot \text{Prozentsatz}}{(100 + \text{Prozentsatz})} = \frac{2.896{,}80 \cdot 6{,}5}{106{,}5} = \underline{\underline{176{,}80\ €}}$$

Altes Gehalt	2.720,00 € ≙	100 %	
+ 6,5 % Gehaltserhöhung	176,80 € ≙	6,5 %	
Neues Gehalt	2.896,80 € ≙	106,5 %	

1 Durch Kostensteigerungen wurden für einige Produkte die Listenpreise erhöht. Errechnen Sie die Preiserhöhung und den alten Preis in Euro.

	Erhöhung	neuer Preis		Erhöhung	neuer Preis
a)	7 %	430,14 €	c)	4,25 %	6.058,01 €
b)	2 %	36,72 €	d)	8,7 %	54.350,00 €

2 Ermitteln Sie für die Buchungsbelege die Umsatzsteuer und den Nettorechnungspreis.[1]

	Bruttorechnungspreis	USt
a)	169,50 €	19 %
b)	3.530,90 €	7 %
c)	36,81 €	7 %
d)	664,61 €	19 %

Beispiel 2 **Promillerechnen**

Für eine Ersatzteilsendung werden einschließlich 2,5 ‰ Transportversicherung 32.080,00 € berechnet.

Stellen Sie für die Ausstellung des Buchungsbelegs die Versicherungsprämie in € und den Warenwert fest.

Lösung Der Wert der Ersatzteilsendung von 32.080,00 € ist der um 2,5 ‰ **vermehrte Grundwert** (Grundwert +) = 1 002,5 ‰ des reinen Grundwertes.

Warenwert +	Prämie	=	Warenwert einschl. Prämie
Grundwert 1 000 ‰	+ Vermehrung 2,5 ‰	=	vermehrter Grundwert 1 002,5 ‰

Gegeben: Wert der Ersatzteile einschließlich Versicherung (32.080,00 €) = vermehrter Grundwert = 1 002,5 ‰

Gesucht: Versicherungsprämie in € = Promillewert; Warenwert = reiner Grundwert = 1 000 ‰

mit Dreisatz

1 002,5 ‰ ≙ 32.080,00 €
2,5 ‰ ≙ x €

$$x = \frac{32.080,00 \cdot 2,5}{1\,002,5} = \underline{80,00\ €}$$

mit Kettensatz

x € ≙ 2,5 ‰
1 002,5 ‰ ≙ 32.080,00 €

$$\frac{2,5 \cdot 32.080,00}{1\,002,5} = x$$

Formel/Lösung

$$\text{Promillewert} = \frac{\text{Grundwert (+)} \cdot \text{Promillesatz}}{(1\,000 + \text{Promillesatz})} = \frac{32.080,00 \cdot 2,5}{1\,002,5} = \underline{80,00\ €}$$

	Warenwert	32.000,00 € ≙	1 000 ‰
+	Versicherungsprämie	80,00 € ≙	2,5 ‰
	Warenbezugswert	32.080,00 € ≙	1 002,5 ‰

---

[1] Der Nettorechnungspreis kann auch mit folgender Formel ermittelt werden:

$$\text{Nettorechnungspreis} = \frac{\text{Bruttorechnungspreis}}{1{,}19\ \text{bzw.}\ 1{,}07}$$

3 Stichproben ergaben eine Zunahme der Produktionsfehler gegenüber der Vorwoche:

Wochentag	Zunahme	Neue Fehlerzahl
Montag	8 ‰	4 032 Stück
Dienstag	5 ‰	3 618 Stück
Mittwoch	4 ‰	3 514 Stück
Donnerstag	4 ‰	3 012 Stück
Freitag	6 ‰	4 024 Stück

Wie viel Stück beträgt die Zunahme der fehlerhaften Stücke je Wochentag?

4 Für eine Überweisung in ausländischer Währung an einen Lieferanten berechnet die Bank 1,25 ‰ Provision; sie belastet unser Konto mit insgesamt 9.772,20 €. Wie viel Euro betragen die Provision und die Überweisung?

5 Im Vergleich zum Vorjahr sind die Unterhaltungskosten für die Produktionsstätte um 5,57 % auf 82.198,00 €, die für den Fuhrpark um 9,1 % auf 143.520,00 € und für die Lagerhalle um 4,8 % auf 33.536,00 € gestiegen.
Wie viel Euro betrugen die Steigerungen und wie hoch waren die Kosten im Vorjahr?

6 Eine AG erhöhte im vergangenen Jahr ihr Grundkapital um 10 %. Im laufenden Geschäftsjahr wurde von der Hauptversammlung eine erneute Erhöhung um 20 % auf 6.600.000,00 € beschlossen.
a) Wie hoch waren die Erhöhungen?
b) Wie hoch war das Grundkapital vor der ersten Erhöhung?

Lösungshinweis

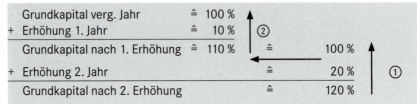

7 Die Personalkosten eines Unternehmens stiegen in den letzten drei Jahren um folgende Prozentsätze gegenüber dem jeweiligen Vorjahr: im 1. Jahr um 5 %, im 2. Jahr um 7,5 %, im 3. Jahr um 4 % auf insgesamt 498.907,50 €.
a) Wie viel Euro betrugen die Personalkostensteigerungen in jedem Jahr?
b) Wie hoch waren die Personalkosten vor der ersten Erhöhung?

8 Die Umsätze eines Werbeartikelherstellers stiegen im Oktober im Vergleich zum September um 8 %, im November im Vergleich zum Oktober um 10 % und im Dezember um weitere 3,5 % auf 295.099,20 €.
a) Wie viel Euro betragen die monatlichen Umsatzsteigerungen?
b) Wie hoch war der Umsatz in jedem der vier Monate?
c) Wie hoch ist der Umsatz des letzten Vierteljahres?

4.1.3 Prozent-/Promillewert vom verminderten Grundwert (im Hundert/im Tausend)

Beispiel 1 **Prozentrechnen**

Der Umsatz einer Filiale ging im Juli im Vergleich zum Juni um 12,2 % auf 131.700,00 € zurück. Wie viel Euro beträgt der Umsatzrückgang? Wie hoch war der Juniumsatz?

Lösung Der Juliumsatz von 131.700,00 € ist der um 12,2 % **verminderte Grundwert** (Grundwert –) = 87,8 % des reinen Grundwertes.

Juniumsatz	–	Umsatzrückgang	=	Juliumsatz
Grundwert	–	Verminderung	=	verminderter Grundwert
100 %		12,2 %		87,8 %

Gegeben: Juliumsatz 131.700,00 € = verminderter Grundwert = 87,8 %;
Umsatzverminderung = 12,2 % = Prozentsatz

Gesucht: Umsatzminderung in € = Prozentwert;
Umsatz Juni = reiner Grundwert = 100 %

mit Dreisatz

87,8 % ≙ 131.700,00 €
12,2 % ≙ x €

$$x = \frac{131.700,00 \cdot 12,2}{87,8} = 18.300,00 \,€$$

mit Kettensatz

x € ≙ 12,2 %
87,8 % ≙ 131.700,00 €

$$\frac{12,2 \cdot 131.700,00}{87,8} = x$$

Formel/Lösung

$$\text{Prozentwert} = \frac{\text{Grundwert}(-) \cdot \text{Prozentsatz}}{(100 - \text{Prozentsatz})} = \frac{131.700,00 \cdot 12,2}{87,8} = 18.300,00 \,€$$

Umsatz Monat Juni	150.000,00 € ≙	100 %
– 12,2 % Rückgang	18.300,00 € ≙	12,2 %
Umsatz Juli	131.700,00 € ≙	87,8 %

1 Durch eine genauere Überwachung und das Einführen der Behälterlagerung verringerten sich im letzten Jahr Bruch, Schwund und das Verderben von Waren um:

a) 6 % auf 6 186,082 kg
b) 10 % auf 3 510 Stück
c) 8,3 % auf 3 209,5 t
d) 3,75 % auf 1 437 kg

Wie hoch waren die Verlustmengen vor der Neuorganisation?

Beispiel 2 Promillerechnen

Die Zahl der meldepflichtigen Betriebsunfälle sank im abgelaufenen Kalenderjahr durch Unfallverhütungsmaßnahmen um 9 ‰ auf 6 937 Unfälle.
Errechnen Sie die Unfallverringerung und die Zahl der Unfälle im Vorjahr.

Lösung 6 937 Unfälle sind der um 9 ‰ **verminderte Grundwert** (Grundwert –) = 991 ‰ des reinen Grundwertes.

Unfälle Vorjahr	–	Unfallrückgang	=	Unfälle abgelaufenes Jahr
Grundwert	–	Verminderung	=	verminderter Grundwert
1 000 ‰		9 ‰		991 ‰

Gegeben: Zahl der Unfälle von 6 937 = verminderter Grundwert = 991 ‰;
Promillesatz der Verminderung 9 ‰

Gesucht: Promillewert der Minderung;
Unfälle Vorjahr = 1 000 ‰ = reiner Grundwert

mit Dreisatz

991 ‰ ≙ 6 937 Unfälle
9 ‰ ≙ x Unfälle

$$x = \frac{6937 \cdot 9}{991} = \underline{\underline{63 \text{ Unfälle}}}$$

mit Kettensatz

x Unfälle ≙ 9 ‰
991 ‰ ≙ 6 937 Unfälle

$$= \frac{9 \cdot 6937}{991} = x$$

Formel/Lösung

$$\text{Promillewert} = \frac{\text{Grundwert (–)} \cdot \text{Promillesatz}}{(1\,000 - \text{Promillesatz})} = \frac{6937 \cdot 9}{991} = \underline{\underline{63 \text{ Unfälle}}}$$

Alter Unfallstand	7 000	≙	1 000 ‰
– Verringerung	63	≙	9 ‰
Neuer Unfallstand	6 937	≙	991 ‰

2 Ein Normgewebe hat im Gewicht eine Minusabweichung von 13 ‰ und wiegt 187,53 g/m².
Wie hoch ist das DIN-Gewicht?

3 Nach Abzug der Provisionen von 2,25 ‰ schreibt die Bank eine Auslandsforderung mit 18.393,90 € unserem Konto gut.
Wie hoch sind die Provision und die Forderung?

4 Durch Rationalisierungsmaßnahmen sind die Kosten der Fertigungsstelle I um 18,5 % auf 15.970,30 €, die der Fertigungsstelle II um 10 % auf 14.400,00 € und die der Fertigungsstelle III um 12½ % auf 20.624,56 € gesunken.

a) Wie hoch sind die Kosteneinsparungen je Fertigungsstelle?
b) Wie hoch waren die Kosten vor den Rationalisierungsmaßnahmen?

Prozentrechnen/Promillerechnen

5 Die durchschnittliche Abschreibung auf den Fuhrpark einer Genossenschaft betrug im vergangenen Jahr 20 %. In diesem Jahr wurden durchschnittlich 12½ % abgeschrieben, sodass die Wagen jetzt noch mit 77.000,00 € zu Buch stehen.

a) Wie hoch war die jährliche Abschreibung?
b) Wie hoch war der Buchwert des Fuhrparks vor der 1. Abschreibung?

Lösungshinweis

Buchwert am Anfang des 1. Jahres	≙ 100 %			
– Abschreibung	≙ 20 %	②		
Buchwert am Anfang des 2. Jahres	≙ 80 %		≙ 100 %	
– Abschreibung			≙ 12½ %	①
Buchwert am Anfang des 3. Jahres			≙ 87½ %	

6 Die Kosten einer Holzlagerhalle sind im April im Vergleich zum März um 8 % gesunken, im Mai stiegen die Lagerkosten im Vergleich zum Vormonat um 2,5 %, im Juni sanken sie um 5,5 % auf 49.903,56 €.

a) Errechnen Sie die Kostenveränderungen und die Lagerkosten für die Monate März, April und Mai.
b) Wie hoch sind die Kosten der Kostenstelle Lager des 2. Jahresquartals?

4.2 Errechnen des Prozent-/Promillesatzes

Der Prozent-/Promillesatz wird aus dem reinen Grundwert = 100 %/1 000 ‰ und dem %-/‰-Wert errechnet.

Beispiel 1 **Prozentrechnen**

Die Bezugskosten für eine Warenlieferung im Wert von 36.500,00 € betragen 1.460,00 €. Wie viel Prozent sind das?

Lösung

Gegeben: Wert der Ware: 36.500,00 € = Grundwert = 100 %;
Bezugskosten: 1.460,00 € = Prozentwert

Gesucht: %-Satz der Bezugskosten

mit Dreisatz

36.500,00 € ≙ 100 %
1.460,00 € ≙ x %

$$x = \frac{100 \cdot 1.460{,}00}{36.500{,}00} = \underline{\underline{4\,\%}}$$

mit Kettensatz

x % ≙ 1.460,00 €
36.500,00 € ≙ 100 %

$$\frac{1.460{,}00 \cdot 100}{36.500{,}00} = x$$

Formel/Lösung

$$\text{Prozentsatz} = \frac{\text{Prozentwert} \cdot 100}{\text{Grundwert}} \longrightarrow \frac{1.460{,}00}{36.500{,}00} = \underline{\underline{4\,\%}}$$

Beispiel 2 **Promillerechnen**

Für eine Warenlieferung im Wert von 71.400,00 € beträgt die Transportversicherung 178,50 €.
Wie viel Promille des Warenwertes sind das?

Lösung **Gegeben:** Warenwert 71.400,00 € = Grundwert = 1 000 ‰;
Transportversicherung 178,50 € = Promillewert

Gesucht: Promillesatz der Versicherungskosten

mit Dreisatz

71.400,00 € ≙ 1 000 ‰
178,50 € ≙ x ‰

$$x = \frac{1\,000 \cdot 178{,}50}{71.400{,}00} = \underline{\underline{2{,}5\ ‰}}$$

mit Kettensatz

x ‰ ≙ 178,50 €
71.400,00 € ≙ 1 000 ‰

$$\frac{178{,}50 \cdot 1\,000}{71.400{,}00} = x$$

Formel/Lösung

$$\text{Promillesatz} = \frac{\text{Promillewert} \cdot 1\,000}{\text{Grundwert}} \longrightarrow \frac{178{,}50 \cdot 1\,000}{71.400{,}00} = 2{,}5\ ‰$$

1 Berechnen Sie die Prozentsätze (Kopfrechnen).

	Prozentwert	Grundwert		Prozentwert	Grundwert
a)	8 m	100 m	d)	2,8 m	70 m
b)	10 m	50 m	e)	18 m	60 m
c)	12 m	40 m	f)	9 m	30 m

2 Wie viel Prozent vom Bruttogewicht beträgt die Tara?

	Bruttogewicht	Tara		Bruttogewicht	Tara
a)	7 650 kg	229,5 kg	d)	6,5 t	0,455 t
b)	880 kg	110 kg	e)	57,5 t	5 002,5 kg
c)	500 g	15 g	f)	7,890 kg	1 972,5 g

3 Wie viel Promille des Warenwertes betragen die Versicherungsprämien (in €)?

	Warenwert in €	Versicherungsprämie in €		Warenwert in €	Versicherungsprämie in €
a)	33.500,00	127,30	c)	6.425,00	51,40
b)	146.700,00	953,55	d)	341.000,00	920,70

Prozentrechnen/Promillerechnen

Beispiel 3 **Prozentsatz vom vermehrten Grundwert**

Ein Erzeugnis wird einschließlich eines Mindermengenzuschlages von 33,75 € für 258,75 € angeboten. Wie viel Prozent beträgt der Zuschlag?

Lösung **Gegeben:** Der Angebotspreis (258,75 €) ist der um den Mindermengenzuschlag (33,75 € = Prozentwert) vermehrte Grundwert.

Gesucht: Der %-Satz des Mindermengenzuschlages. Dazu muss zunächst der Listenverkaufspreis = reiner Grundwert = 100 % errechnet werden.

Der Angebotspreis ist der vermehrte Wert. Zunächst muss der reine Grundwert ≙ 100 % errechnet werden:

```
  Listenverkaufspreis           = 225,00 €    ≙ 100 %
+ Mindermengenzuschlag          =  33,75 €
  Zielverkaufspreis/Angebotspreis = 258,75 €
```

mit Dreisatz

225,00 € ≙ 100 %
33,75 € ≙ x %

$$x = \frac{100 \cdot 33,75}{225,00} = \underline{\underline{15\,\%}}$$

mit Kettensatz

x % ≙ 33,75 €
225,00 € ≙ 100 %

$$\frac{33,75 \cdot 100}{225,00} = x$$

Formel/Lösung

$$\text{Prozentsatz} = \frac{\text{Prozentwert} \cdot 100}{\text{Grundwert}} \longrightarrow \frac{33,75 \cdot 100}{225,00} = \underline{\underline{15\,\%}}$$

Der Prozent-/Promillesatz muss immer vom reinen Grundwert = 100 % bzw. 1 000 ‰ berechnet werden.

Beispiel 4 **Prozentsatz vom verminderten Grundwert**

Nach Abzug von 160,00 € Skonto ergibt sich für Schmierfette ein Bareinkaufspreis von 6.240,00 €.
Wie viel Prozent beträgt der Skontoabzug?

Lösung **Gegeben:** Der Bareinkaufspreis (6.240,00 €) ist der um 160,00 € Skonto (= Prozentwert) verminderte Grundwert.

Gesucht: %-Satz des Skontoabzugs. Dazu muss zunächst der Zieleinkaufspreis = reiner Grundwert = 100 % errechnet werden.

```
  Zieleinkaufspreis   = 6.400,00 €    ≙ 100 %
- Skonto              =   160,00 €
  Bareinkaufspreis    = 6.240,00 €
```

(Fortsetzung auf Seite 38)

(Fortsetzung von Seite 37)

mit Dreisatz	mit Kettensatz
6.400,00 € ≙ 100 %	x % ≙ 160,00 €
160,00 € ≙ x %	6.400,00 € ≙ 100 %

$$x = \frac{100 \cdot 160{,}00}{6.400{,}00} = \underline{\underline{2{,}5\,\%}} \qquad \frac{160{,}00 \cdot 100}{6.400{,}00} = x$$

Formel/Lösung

$$\text{Prozentsatz} = \frac{\text{Prozentwert} \cdot 100}{\text{Grundwert}} \longrightarrow \frac{160{,}00 \cdot 100}{6.400{,}00} = \underline{\underline{2{,}5\,\%}}$$

4 Wie viel Prozent von den Selbstkosten beträgt der Gewinn bzw. der Verlust bei Verkauf von Handelswaren zu folgenden Preisen?

Verkaufserlös   Verkaufserlös
a) 6.080,00 €   Verlust 1.520,00 €   c)   66,19 €   Gewinn   1,13 €
b)   252,00 €   Gewinn   12,00 €   d) 68.949,76 €   Verlust 6.570,24 €

Lösungshinweis: Selbstkosten + Gewinn bzw. – Verlust = Verkaufserlös

5 Ein Unternehmer kauft über seine Hausbank Wertpapiere im Wert von 725.000,00 €. Neben dem Kaufpreis werden ihm berechnet: 3.625,00 € Provision und 1.268,75 € Maklergebühr.
 a) Wie viel Prozent beträgt die Provision und wie viel Promille beträgt die Maklergebühr?
 b) Mit welchem Betrag wird das Konto des Unternehmers belastet?

6 An einer Landtagswahl nahmen von 2 500 000 wahlberechtigten Bürgern 2 110 000 teil. Wie viel Prozent betrug die Wahlbeteiligung?

7 Der Umsatz der Biotec AG wies in den letzten 5 Jahren folgende Entwicklung auf (in Mio. €):
 1. Jahr 38,2   2. Jahr 49,8   3. Jahr 71,2   4. Jahr 92,7   5. Jahr 122,3

Errechnen Sie den Prozentsatz
 a) der jährlichen Umsatzsteigerung gegenüber dem jeweiligen Vorjahr,
 b) der einzelnen Jahre gegenüber dem ersten Jahr.

8 Der Buchwert eines Lieferwagens beträgt nach einer Abschreibung von 12.314,00 € noch 37.943,50 €. Wie hoch ist der Prozentsatz der Abschreibung?

9 Dem Konto eines Direktexporteurs werden nach Abzug von 270,00 € Provision 224.730,00 € gutgeschrieben.
Wie viel Promille beträgt die Provision der Außenhandelsbank?

10 Durch die sorgfältigere Überwachung der Außenstände erhöhte sich der durchschnittliche Bestand an flüssigen Mitteln im letzten Quartal um 2.439,00 € auf 34.959,00 €. Wie viel Prozent sind das?

Prozentrechnen/Promillerechnen

11 Stichproben bei einer Kondensmilchlieferung ergaben einen Fehler in der Abfüllautomatik. Der tatsächliche Inhalt von 10 überprüften Dosen wich vom Normalinhalt ab (Normalinhalt = 170 ml):

Dose 1 168,4 ml	Dose 4 169,6 ml	Dose 7 175,6 ml	Dose 10 164,6 ml
Dose 2 161,4 ml	Dose 5 166,9 ml	Dose 8 164,4 ml	
Dose 3 165,2 ml	Dose 6 173,3 ml	Dose 9 166,5 ml	

Um wie viel Prozent weicht der tatsächliche Doseninhalt vom Normalinhalt nach oben oder unten ab? (2 Dezimalstellen)

12 Die Bilanzsumme einer Gesellschaft erhöhte sich im letzten Jahr um 84.512,50 € auf 788.787,50 €. Im vergangenen Jahr betrug die Erhöhung 64.025,00 €. Um wie viel Prozent erhöhten sich die Bilanzsummen in den beiden Jahren gegenüber dem jeweiligen Vorjahr?

13 Für eine Lieferung werden dem Kunden einschließlich 34,20 € Transportversicherung 7.634,20 € berechnet.

Wie viel Promille beträgt die Transportversicherung?

14 Einer unserer Kunden meldet Insolvenz an. Unsere Forderungen an die Insolvenzmasse betragen 3.904,72 €. Nach Abschluss des Verfahrens erfahren wir durch den Insolvenzverwalter, dass 3.416,63 € uneinbringlich sind. Der Rest wird überwiesen. Wie hoch ist die Insolvenzquote?

15 In Zusammenarbeit von Betriebsleitung und Betriebsrat wurden nach einem Großunfall neue Unfallschutzbestimmungen erlassen. Danach sank die Unfallquote im Quartal um 21 auf 27 Unfälle bei 9 600 Beschäftigten.

a) Um wie viel Prozent ist die Unfallquote gesunken?
b) Wie viel Promille von der Belegschaft verunglückten vorher und nachher?

4.3 Errechnen des Grundwertes

Der reine Grundwert beträgt immer 100 % bzw. 1 000 ‰.

Beispiel 1 **Prozentrechnen**

Ein Zulieferbetrieb erhält beim Einkauf von Zugfedern 15 % ≙ 1.020,00 € Mengenrabatt.
a) Wie hoch ist der Listenpreis?
b) Wie viel Euro beträgt der Zielpreis nach Abzug des Rabatts?

Lösung **Gegeben:** %-Satz: 15 %;
Mengenrabatt 1.020,00 € = Prozentwert
Gesucht: Listenpreis = reiner Grundwert = 100 %

(Fortsetzung auf Seite 40)

(Fortsetzung von Seite 39)

mit Dreisatz

15 % ≙ 1.020,00 €
100 % ≙ x €

$$x = \frac{1.020,00 \cdot 100}{15} = 6.800,00 \text{ €}$$

a) Listenpreis = 6.800,00 €
   − 15 % Mengenrabatt = 1.020,00 €
b) Zielpreis = 5.780,00 €

mit Kettensatz

x € ≙ 100 %
15 % ≙ 1.020,00 €

$$\frac{100 \cdot 1.020,00}{15} = x$$

Formel/Lösung

$$\text{Grundwert} = \frac{\text{Prozentwert} \cdot 100}{\text{Prozentsatz}} \longrightarrow \frac{1.020,00 \cdot 100}{15} = 6.800,00 \text{ €}$$

Beispiel 2 **Promillerechnen**

Für die Vermittlung eines Grundstückes berechnet der Makler 9,5 ‰ = 5.937,50 € Provision. Welchen Wert hat der Makler seiner Abrechnung zugrunde gelegt?

Lösung **Gegeben:** Promillesatz: 9,5 ‰;
Provision 5.937,50 € = Prozentwert

Gesucht: Grundstückswert = 1 000 ‰ = reiner Grundwert

mit Dreisatz

9,5 ‰ ≙ 5.937,50 €
1 000 ‰ ≙ x €

$$x = \frac{5.937,50 \cdot 1000}{9,5} = 625.000,00 \text{ €}$$

mit Kettensatz

x € ≙ 1 000 ‰
9,5 ‰ ≙ 5.937,50 €

$$\frac{1000 \cdot 5.937,50}{9,5} = x$$

Formel/Lösung

$$\text{Grundwert} = \frac{\text{Promillewert} \cdot 1000}{\text{Promillesatz}} \longrightarrow \frac{5.937,50 \cdot 1000}{9,5} = 625.000,00 \text{ €}$$

1 Errechnen Sie die Grundwerte (Kopfrechnen).

%-Satz	Prozentwert	%-Satz	Prozentwert	%-Satz	Prozentwert
a) 50 %	200,00 €	c) 10 %	50,00 €	e) 7 %	5,60 €
b) 25 %	400,00 €	d) 15 %	450,00 €	f) 2 %	140,00 €

2 Wie hoch waren die Verkaufswerte?

a) 6 ‰ = 260,40 € Provision
b) 27,5 % = 825,00 € Provision
c) 9 ‰ = 82,80 € Provision
d) 5,5 ‰ = 540,65 € Provision

3 Die Stundenlöhne für Facharbeiter werden um 5 % = 1,00 € je Stunde erhöht. Wie hoch ist der neue Stundenlohn?

4 Unsere Bank verlangt für ein zur Sicherheit übereignetes Warenlager den Abschluss einer Feuerversicherung. Die Prämie beträgt 112,50 € = 2¼ ‰ des Lagerwertes. Wie hoch ist der Versicherungswert?

5 Von einer Rechnung wurden erst 12½ % Mengenrabatt, dann 3 % Skonto = 85,05 € abgezogen. Wie hoch sind Bar- und Listenpreis?

6 Der Januarumsatz eines Unternehmens lag um 8 % unter dem des Dezembers. Der Februarumsatz stieg um 2½ % = 6.400,00 € im Vergleich zum Januar. Der Märzumsatz lag um 5,5 % über dem Februarumsatz. Wie hoch war der Umsatz der einzelnen Monate?

4.4 Übungen zum Prozent-/Promillerechnen

1 Wie hoch ist der Bareinkaufspreis einer Sendung über 3.021,57 €, wenn uns der Verkäufer bei Zahlung innerhalb von 10 Tagen 3 % Skonto gewährt?

2 Ein Cash-and-Carry-Großhändler hat in der Lebensmittelabteilung einen Umsatz von 24 Mio. € zu Einstandspreisen. Beim Vergleich der Inventurwerte mit den Werten der Warenausgangskontrolle wird ein Warenverlust (Diebstahl, Bruch, Verderb u. a.) von 312.000,00 € festgestellt. Wie viel Prozent sind das?

3 Ein Stahlbolzen verlor durch Bearbeitung 4½ % seiner Länge. Der Fertigbolzen ist 182,7 mm lang. Wie viel mm (1 Dezimalstelle) hat der Rohrbolzen durch die Bearbeitung verloren?

4 Die Stromkosten des Ausstellungsraumes sind gegenüber dem Vorjahres-Quartal um 7 % auf 806,26 € gestiegen. Wie hoch ist die Kostensteigerung in €?

5 Der Umsatz eines Artikels im September wurde im Oktober um 4 % übertroffen. Der Oktoberumsatz betrug 62.845,12 €. Wie hoch war der Umsatz des Monats September?

6 Durch eine Konstruktionsänderung wurde die Leistung eines Schiffsmotors um 7 % = 249,9 kW erhöht. Wie hoch ist die kW-Leistung vor und nach der Änderung?

7 Der Energieverbrauch einer Anlage ist nach Baumaßnahmen zum Umweltschutz um 12½ % = 22 050 kWh gefallen. Wie hoch war der Verbrauch vor und nach der Verbesserung?

8 Unser Einkaufskommissionär berechnet einschließlich seiner Provision von 37,08 € einen Preis von 861,08 €. Wie hoch war die Provision in Prozent? (1 Dezimalstelle)

9 Wir bieten einen Artikel ab Lager zu 12,00 € je Stück an. Bei Abnahme ab 250 Stück gewähren wir 10 % Mengenrabatt, ab 500 Stück 15 % und ab 750 Stück 20 %.

Wie hoch ist der Angebotspreis für einen Kunden bei Abnahme von
a) 200 Stück, b) 300 Stück, c) 700 Stück, d) 900 Stück?

10 Der Preis für ein Ersatzteil ist von 7,50 € auf 9,90 € gestiegen. Wie viel Prozent beträgt die Preissteigerung?

11 Ein Unternehmen hat für eine Sendung eine Transportversicherung von 7,5 ‰ des Wertes = 224,10 € abgeschlossen.

Mit wie viel Euro ist die Sendung versichert?

12 Durch die kostensenkende Wirkung eines patentierten Verfahrens steigt der Reingewinn je Stück um 25,30 €. Das sind bei einer Gesamtproduktion von 132 Stück 12½ % des Patentwertes. Welchen Wert hat das patentierte Verfahren?

13 Durch einen stärkeren Auftragseingang aufgrund intensiverer Werbung ist die Kapazitätsausnutzung unserer Fertigungsanlage um 6 % gegenüber dem Vormonat gestiegen und beträgt nun 106 800 hl. Das entspricht einer Ausnutzung von 89 % der Gesamtkapazität.

a) Wie hoch ist die Gesamtkapazität?
b) Wie viel hl wurden vor der Absatzerhöhung hergestellt?

14 Nach Einführung eines Prämiensystems für Betriebstreue sank in einem Betrieb mit 1 200 Beschäftigten die Fluktuation der Arbeitskräfte im Jahr um 292 auf 52; gleichzeitig stieg die Erzeugung um 3 621 t auf 39 831 t. Weiterhin sank die Ausschussproduktion um 45 % = 1 395 t.

a) Wie hoch war und ist der Prozentsatz der „Wandervögel" an der Gesamtbeschäftigungszahl?
b) Um wie viel Prozent ist die Fluktuation im Vergleich zum Vorjahr gesunken?
c) Um wie viel Prozent stieg die Erzeugung?
d) Wie hoch war und ist der Produktionstonnenanteil je Beschäftigtem?
e) Wie hoch war und ist die Ausschussproduktion?

15 Ein Lieferant gewährt uns aufgrund einer Mängelrüge auf einen Einkaufspreis von 5.622,40 € einen Preisnachlass von 803,20 €.

a) Wie viel Prozent beträgt der Preisnachlass?
b) Wie hoch ist der Bareinkaufspreis bei 2½ % Skontoabzug?

16 Der Jahreseinkauf eines Handelsunternehmens wurde zu 12,5 % = 6 520 t mit eigenen Fahrzeugen transportiert. Vom Rest (= 100 %) entfallen 25 % auf die Bahn, 30,5 % auf die Binnenschifffahrt und 44,5 % auf den Lkw-Fernverkehr.

a) Wie viel Tonnen (t) umfasst der Jahreseinkauf des Unternehmens?
b) Wie hoch ist der Transportanteil der firmenfremden Verkehrsträger?
c) Wie viel Prozent beträgt der Anteil der einzelnen Transportmittel am Gesamteinkauf des Unternehmens?

17 Gegenüber dem Kostenvoranschlag hat sich der Bau einer Lagerhalle um 8,4 % verteuert; sie kostet nun 280.430,00 €.

Wie viel Euro müssen zusätzlich für die Finanzierung bereitgestellt werden?

a	2.173,07 €
b	12.730,07 €
c	21.730,74 €
d	217.307,40 €
e	anderes Ergebnis, welches?

18 Aufgrund der Zusicherung, dass auch im nächsten Geschäftsjahr alle Aufträge für Thermostate an die Josef Sedlmayer OHG vergeben werden sollen, wird der Preis je Stück um 1,43 € auf 20,57 € gesenkt.

Wie hoch ist der Treuerabatt in Prozent?   %

19 Nach einer Konstruktionsänderung steigen die Materialkosten von 12,15 € auf 14,84 €, die Fertigungskosten sinken jedoch von 18,04 € auf 14,02 € je Bauteil.

Um wie viel Prozent haben sich die Herstellungskosten gegenüber der alten Konstruktion verändert?

a	22,14 %
b	5,53 %
c	4,41 %
d	6,59 %
e	anderes Ergebnis, welches?

4.5 Nachrichten aus der Wirtschaftspresse

1 Feingoldanteil im Golderz
Golderz enthält im Mittel 0,00033 % reines Gold (Feingold).
Wie viel Gramm Feingold werden aus 1 t Golderz gewonnen?

2

Handelskonzern wächst	
Aus dem gestern veröffentlichten vorläufigen Überblick über das vergangene Geschäftsjahr geht hervor,	dass der Nettoumsatz um 61,3 % auf 46,90 Mrd. € gestiegen ist. Um Zukäufe bereinigt beträgt das Umsatzwachstum nur 4,8 %.

Wie viel Prozent und Euro beträgt die Umsatzsteigerung insgesamt, durch Zukäufe und ohne Zukäufe?

3 a) Errechnen Sie die Prozentsätze der sechs größten Steuerarten an den gesamten Steuereinnahmen. (1 Dezimalstelle)
b) Wie viel Prozent betragen die sechs größten Steuerarten insgesamt an den Steuereinnahmen?

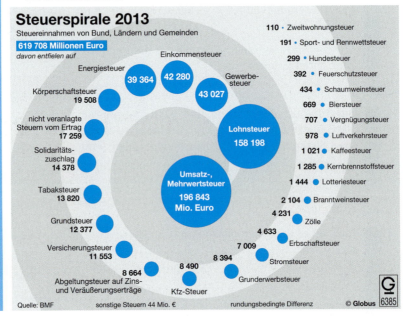

4

Berlin – Ein Elektrokonzern will sich in der Informations- und Kommunikationstechnologie (I & K) mit neuen Produkten und der Vernetzung verschiedenster Endgeräte an der Weltspitze festsetzen.	Das Unternehmen erwartet, dass der I & K-Markt in den kommenden 5 Jahren um jeweils 10 % wachsen wird. Im 5. Jahr werde ein Volumen von mehr als 1.400 Mrd. € erreicht.

Ermitteln Sie das angestrebte Umsatzvolumen in Euro für das Berichtsjahr und die folgenden 3 Jahre.

5 „Wir leben in einer mobilen Gesellschaft. Die Menschen gehen oder fahren zur Arbeit, in die Schule, zum Einkaufen, in den Urlaub oder treffen Geschäftspartner in anderen Städten oder Ländern. Güter werden vom Süden in den Norden, vom Westen in den Osten oder umgekehrt transportiert. Gemessen werden diese Bewegungen als Verkehrsleistungen zum Beispiel in Personen- oder Tonnenkilometern."

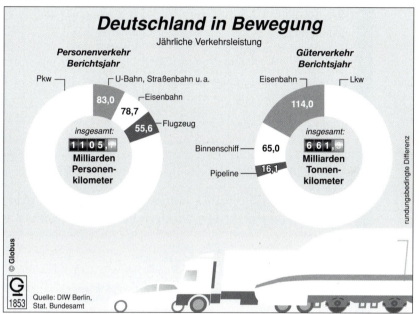

Wie viel Prozent beträgt der Anteil der einzelnen Verkehrsmittel am Personen- und Güterverkehr?

6 **Veränderungen**
■ HRB 1492–16.12. . . . .
EGS-Sondermaschinen GmbH in Hameln (Georg-Wessel-Straße 4). Durch Beschluss der Gesellschafterversammlung vom 24. November ist das Stammkapital von 50.000,00 € auf 120.000,00 € erhöht und der Gesellschaftsvertrag in § 3 geändert (Eintritt eines neuen Gesellschafters).

a) Um wie viel Prozent wurde das Stammkapital erhöht?
b) Mit wie viel Prozent sind der alte und der neue Gesellschafter jeweils am neuen Stammkapital beteiligt?

7 Eine Aktiengesellschaft veröffentlicht folgende aufbereitete Bilanz (in Tausend €):

Aktiva	Bilanz zum 31. Dezember ..				Passiva	
	€	%			€	%
I. Anlagevermögen			**I. Eigenkapital**		957,7	?
Sachanlagen	1.219,7	?	**II. Fremdkapital**			
Beteiligungen	79,2	?	langfristiges		486,5	?
II. Umlaufvermögen			kurzfristiges		456,0	?
Waren	397,6	?				
Darlehen	16,2	?				
Forderungen	157,2	?				
Liquide Mittel	30,3	?				
	1.900,2	100			1.900,2	100

a) Errechnen Sie den Prozentanteil der einzelnen Bilanzpositionen an der Bilanzsumme.
b) Wie viel Prozent entfallen auf Anlage- und Umlaufvermögen?
c) Wie viel Prozent entfallen auf Eigen- und Fremdkapital?
d) Mit wie viel Prozent Eigenkapital ist das Anlagevermögen finanziert?

8 Plastik im Portemonnaie
Die deutschen Konsumenten zahlen immer öfter bargeldlos.

Gültige Karten mit Zahlungsfunktion im Berichtsjahr:

- Bankkunden-Karten (einschl. EC-Cash-Karten) .... 90,13 Mio.
- Kreditkarten .... 22,10 Mio.
- Kundenkarten des Handels .... 9,30 Mio.

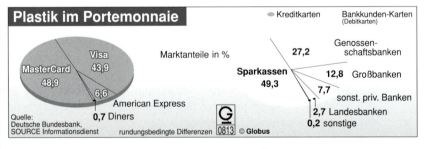

a) Berechnen Sie den Anteil der Kartenarten in Prozent.
b) Wie viel Bankkunden-Karten entfallen auf die einzelnen Bankenarten?
c) Wie viel Karten sind es bei den Kreditkarten?

5 Zinsrechnen

Die Zinsrechnung ist eine Anwendung der Prozentrechnung unter Berücksichtigung der Zeit.
Die Rechengrößen der Prozentrechnung heißen in der Zinsrechnung:

| Grundwert | → | **Kapital (K)** | Prozentsatz | → | **Zinssatz (p)** |
| Prozentwert | → | **Zinsen (Z)** | Neuer Faktor | → | **Zeit (t)** |

Zinsen sind der Preis, den der Schuldner dem Gläubiger für das Überlassen von Kapital oder Kredit zu zahlen hat. Dieses Entgelt wird z. B. fällig für Bankkredite, bei Zielgeschäften, beim Zahlungsverzug, durch Lagerhaltung, durch die Kapital gebunden wird.

Die Höhe der Zinsen hängt ab
1. von der Höhe des Kapitals
2. vom Zinssatz
3. von der Laufzeit, für die das Kapital dem Schuldner überlassen wird

Beispiel

| 4.000,00 € | bringen zu | 5 % | in | 90 Tagen | 50,00 € |
| **Kapital (K)** | | **Zinssatz (p)** | | **Zeit (t)** | **Zinsen (Z)** |

5.1 Berechnen der Zinsen

5.1.1 Jahres-/Monats-/Tageszinsen

Beispiel 1 **Jahreszinsen**
Ein Einzelhändler nimmt bei einer Bank ein Darlehen von 20.000,00 € für 3 Jahre auf. Wie viel Zinsen müssen in diesem Zeitraum bei einem Zinssatz von 5 % gezahlt werden?

Lösung **Gegeben:** das Kapital 20.000,00 € ≙ 100 %,
der Zinssatz 5 %,
die Zeit 3 Jahre.
Gesucht: die Zinsen.

5 % Zinssatz heißt, dass für ein Kapital von 100,00 € in einem Jahr 5 vom Hundert = 5,00 € Zinsen gezahlt werden müssen.

Zuerst Zinsen für 1 Jahr – dann für mehrere Jahre berechnen.

$$100\ \%\ \text{des Kapitals} = 20.000,00$$

$$1\ \%\ \text{des Kapitals} = \frac{20.000,00}{100}$$

$$5\ \%\ \text{des Kapitals} = \frac{20.000,00 \cdot 5}{100} \quad \text{(Zinsen für 1 Jahr)}$$

(Fortsetzung auf Seite 48)

(Fortsetzung von Seite 47)

$$\text{Zinsen für 3 Jahre} = \frac{20.000,00 \cdot 5 \cdot 3}{100} = 3.000,00$$

Das Unternehmen hat in 3 Jahren 3.000,00 € Zinsen zu zahlen.

Für die Berechnung der Jahreszinsen ergibt sich die **Formel:**

$$Z = \frac{K \cdot p \cdot t}{100} \qquad \text{Jahreszinsen} = \frac{\text{Kapital} \cdot \text{Zinssatz} \cdot \text{Jahre}}{100}$$

1 Berechnen Sie die Jahreszinsen für

a) 5.370,00 € zu 7 %; 3 %; 5 %.
b) 3.120,00 € zu 8½ %; 7½ %; 5½ %.
c) 2.790,70 € zu 5¾ %; 6¼ %; 3¾ %.

2 Es sind die Zinsen zu berechnen für:

	Kapital	Zinssatz	Jahre		Kapital	Zinssatz	Jahre
a)	3.570,00 €	5 %	3	d)	920,50 €	6½ %	4
b)	7.753,00 €	3½ %	7	e)	8.645,00 €	5¾ %	15
c)	9.178,30 €	4½ %	6	f)	87,33 €	7 %	13

Beispiel 2 **Monatszinsen**

Eine Weberei erhält von ihrer Hausbank ein kurzfristiges Darlehen von 20.000,00 € für 3 Monate zu 5 %. Wie hoch sind die Zinsen?

Lösung **Gegeben:** das Kapital 20.000,00 €,
der Zinssatz 5 %,
die Zeit 3 Monate.
Gesucht: die Zinsen.

Zuerst Jahreszinsen (12 Monate) – dann Monatszinsen berechnen.

$$100 \text{ \% des Kapitals} = 20.000,00$$

$$1 \text{ \% des Kapitals} = \frac{20.000,00}{100}$$

$$5 \text{ \% des Kapitals} = \frac{20.000,00 \cdot 5}{100} \quad \text{(Zinsen für 12 Monate)}$$

$$\text{Zinsen für 1 Monat} = \frac{20.000,00 \cdot 5}{100 \cdot 12}$$

$$\text{Zinsen für 3 Monate} = \frac{20.000,00 \cdot 5 \cdot 3}{100 \cdot 12} = 250,00$$

Das Unternehmen hat für 3 Monate 250,00 € Zinsen zu zahlen.

Zinsrechnen

Für die Berechnung der Monatszinsen ergibt sich die **Formel:**

$$Z = \frac{K \cdot p \cdot t}{100 \cdot 12} \qquad \text{Monatszinsen} = \frac{\text{Kapital} \cdot \text{Zinssatz} \cdot \text{Monate}}{100 \cdot 12}$$

Merkhilfe: KäPiert / 1200

3 Berechnen Sie die Zinsen für:

	Kapital	Zinssatz	Monate		Kapital	Zinssatz	Monate
a)	885,50 €	7 %	2	d)	25.635,00 €	2½ %	2½
b)	2.117,25 €	3 %	7	e)	9.107,00 €	4½ %	5½
c)	629,78 €	4 %	9	f)	351,41 €	3¾ %	8

4 Mit welchem Betrag müssen folgende Darlehen einschließlich Zinsen zurückgezahlt werden?

	Darlehen	Zinssatz	Monate		Darlehen	Zinssatz	Monate
a)	3.150,00 €	3 %	11	d)	18.398,24 €	12½ %	17
b)	6.515,00 €	7 %	4	e)	5.215,00 €	6½ %	3½
c)	2.625,70 €	4 %	9	f)	50,00 €	8½ %	6½

Beispiel 3 — Tageszinsen

Wir nehmen bei unserer Bank ein Darlehen von 20.000,00 € für 90 Tage zu 5 % auf. Mit wie viel Zinsen belastet uns die Bank? (Zinsjahr: 360 Tage)

Lösung

Gegeben: das Kapital 20.000,00 €,
der Zinssatz 5 %,
die Zeit 90 Tage.

Gesucht: die Zinsen.

Zuerst Jahreszinsen (360 Tage) – dann Tageszinsen berechnen.

$$100\,\% \text{ des Kapitals} = 20.000,00$$

$$1\,\% \text{ des Kapitals} = \frac{20.000,00}{100}$$

$$5\,\% \text{ des Kapitals} = \frac{20.000,00 \cdot 5}{100} \quad \textbf{(Zinsen für 360 Tage)}$$

$$\text{Zinsen für 1 Tag} = \frac{20.000,00 \cdot 5}{100 \cdot 360}$$

$$\text{Zinsen für 90 Tage} = \frac{20.000,00 \cdot 5 \cdot 90}{100 \cdot 360} = 250,00$$

Das Unternehmen hat für 90 Tage <u>250,00 € Zinsen</u> zu zahlen.

(Fortsetzung auf Seite 50)

(Fortsetzung von Seite 49)

Für die Berechnung der Tageszinsen ergibt sich die **Formel:**

$$Z = \frac{K \cdot p \cdot t}{100 \cdot 360} \qquad \text{Tageszinsen} = \frac{\text{Kapital} \cdot \text{Zinssatz} \cdot \text{Tage}}{100 \cdot 360}$$

5 Ermitteln Sie die Zinsen für folgende Kapitalien:

	Kapital	Zinssatz	Tage		Kapital	Zinssatz	Tage
a)	3.625,00 €	10 %	135	c)	7.258,80 €	12 %	186
b)	9.875,20 €	2½ %	57	d)	126.400,00 €	12½ %	96

Errechnen der Zinstage

In Deutschland können Zinsen im Geschäftsverkehr nach drei unterschiedlichen Methoden errechnet werden.

Zinsrechnungsmethoden				
Berechnungsart	**Zinstage im**		**Zinsformel**	**Anwendung**
	Monat	**Jahr**		
deutsche kaufmännische Zinsrechnung	30	360	$Z = \dfrac{K \cdot p \cdot t}{100 \cdot 360}$	Sparkonten, Festgeldkonten, Kontokorrentkonten, Ratenkredite, langfristige Darlehen
Eurozinsrechnung („französische Zinsrechnung")	30/31 Februar: 28/29	360	$Z = \dfrac{K \cdot p \cdot t \text{ (genau)}}{100 \cdot 360}$	Geldmarktkredite, (z. B. Wechselkredite), öffentl. und private Anleihen mit variablem Zinssatz, Refinanzierungsgeschäfte der EZB
kalendergenaue Zinsrechnung („englische Zinsrechnung")	30/31 Februar: 28/29	365/366	$Z = \dfrac{K \cdot p \cdot t \text{ (genau)}}{100 \cdot 365 \, (366)}$	Bundeswertpapiere, börsennotierte Anleihen, deutsche bürgerliche Zinsrechnung

Beim Errechnen der Zinstage wird der 1. Zinstag *nicht* mitgezählt, mitgezählt wird der letzte Zinstag.

Beispiel Zinstage vom 15. bis 19. März: 16., 17., 18., 19. = 4 Tage

Bei der **deutschen kaufmännischen Zinsrechnung** wird der 31. Tag eines Monats **nicht** gezählt. Der Februar wird nur bei Angabe „bis Ende Februar" genau gezählt: 28 bzw. 29 Tage. Ansonsten wird er mit 30 Tagen gezählt.

Zinsrechnen

Beispiele

	Zinstage bei		
	deutscher kfm. Zinsrechnung	Eurozinsrechnung	kalendergen. Zinsrechnung
a) vom 29. Juli bis 30. Juli =	1	1	1
b) vom 29. Juli bis 31. Juli =	1	2	2
c) vom 29. Juli bis 2. Aug. =	3	4	4
d) vom 19. Febr. bis Ende Febr. =	9	9	9
e) vom 19. Febr. bis Ende Febr. = (Schaltjahr)	10	10	10
f) vom 19. Febr. bis 1. März =	12	10	10
g) vom 19. Febr. bis 1. März = (Schaltjahr)	12	11	11
h) vom 31. Dez. bis 31. Dez. =	360	360	365
i) vom 31. Dez. bis 31. Dez. = (Schaltjahr)	360	360	366
j) vom 28. März bis 5. Juli =	97	99	99

Lösung **zu j) deutsche kaufmännische Zinsrechnung**

vom 28. März bis 30. März = 2 Tage **oder** vom 28. März bis 28. Juni = 90 Tage
vom 30. März bis 30. Juni = 90 Tage   vom 28. Juni bis 5. Juli = 7 Tage
vom 30. Juni bis 5. Juli = 5 Tage   vom 28. März bis 5. Juli = 97 Tage
vom 28. März bis 5. Juli = 97 Tage

Eurozinsrechnung und kalendergenaue Zinsrechnung

Die Tageberechnung erfolgt wie bei der kaufmännischen Zinsrechnung.
Der 31. März und der 31. Mai werden dazugerechnet: **+ 2 Zinstage = 99 Tage.**

6 Bestimmen Sie die Zinstage mit den drei Zinsmethoden:

a) vom 2. Juni bis 7. Juli
b) vom 20. April bis 31. Mai
c) vom 4. Jan. bis Ende Febr.
d) vom 7. Sept. bis 18. Febr.
e) vom 18. Okt. bis 1. März
f) vom 22. Nov. bis Ende Febr. (Schaltjahr)
g) vom 1. Mai bis 24. Nov.
h) vom 19. Nov. bis 5. Jan.
i) vom 2. Dez. bis 4. März
j) vom 2. Juli bis 15. Aug.
k) vom 28. Nov. bis 15. Dez.

l) vom 7. Jan. bis 9. April
m) vom 14. Mai bis 31. Dez.
n) vom 13. März bis 9. Juni
o) vom 6. Mai bis 17. Nov.
p) vom 28. Febr. bis 16. Aug.
q) vom 29. Dez. bis 16. Nov.
r) vom 3. März bis Ende Febr. (Schaltjahr)
s) vom 19. Aug. bis 20. Sept.
t) vom 19. Dez. bis 3. Jan.
u) vom 25. Febr. bis 19. Jan.
v) vom 22. Nov. bis Ende Febr.

7 Berechnen Sie die Zinsen der Kapitalien (3 Zinsmethoden):

a) 3.420,00 € zu 4 % vom 5. Juli bis 26. Aug.
b) 2.516,00 € zu 3 % vom 15. April bis 28. Sept.
c) 75,00 € zu 8 % vom 27. Febr. bis 15. Dez.
d) 13.545,20 € zu 3½ % vom 18. Dez. bis 14. März
e) 7.245,70 € zu 4½ % vom 8. Okt. bis Ende Febr.
f) 4.598,50 € zu 8½ % vom 29. Aug. bis Ende Febr. (Schaltjahr)

8 Errechnen Sie die Rückzahlungssummen folgender Darlehen (3 Zinsmethoden):

a) 2.829,00 € zu 7 % vom 19. Febr. bis 7. April
b) 875,75 € zu 3½ % vom 19. Dez. bis 3. März
c) 224,80 € zu 12½ % vom 20. Okt. bis Ende Febr.

5.1.2 Berechnen der Zinsen mit Zinszahl und Zinsteiler

Die Zinsen können auch mit **Zinszahl (#)** und **Zinsteiler (Zt.)** errechnet werden. Dazu wird die Zinsformel umgestellt:

$$Z = \frac{K \cdot p \cdot t}{100 \cdot 360} = \frac{K \cdot t}{100} \cdot \frac{p}{360} = \frac{\frac{K \cdot t}{100}}{\frac{360}{p}} \stackrel{①}{\underset{②}{=}} \frac{\#}{Zt.} = Z \; ③$$

① **Zinszahl: Zt.** $\triangleq \dfrac{K \cdot t}{100}$ = 1 % vom Kapital · Tage

\# werden ohne Kommastellen gerechnet; sie sind ganze positive Zahlen. Es wird kaufmännisch gerundet.

1 Errechnen Sie die # für:

a) Kapital 435,05 €, Laufzeit 93 Tage   c) Kapital 55,60 €, Laufzeit 72 Tage
b) Kapital 3.217,55 €, Laufzeit 29 Tage   d) Kapital 923,34 €, Laufzeit 33 Tage

Lösung zu a)

1 % Kapital · Tage = 4,3505 · 93 = 404,5965   # = 405

② **Zinsteiler: Zt.** $\triangleq \dfrac{360}{p}$

Beispiel Errechnen Sie die Zinsteiler für: a) 8 % b) 7 %

Lösung a) $Zt. = \frac{360}{p} = \frac{360}{8} = \underline{\underline{45}}$ b) $Zt. = \frac{360}{p} = \frac{360}{7} = \underline{\underline{65{,}45}}$

Der Zinsteiler wird mit 2 Kommastellen berechnet (kaufm. Rundung)

2 Bestimmen Sie die Zinsteiler für:
a) 15 %   b) 10 %   c) 8,5 %   d) 6,75 %

  $\text{Tageszinsen} = \frac{\#}{Zt.}$

Beispiel Ein Darlehen von 40.000,00 € soll zu 5,5 % 90 Tage verzinst werden. Wie hoch sind die Zinsen?

Lösung $\frac{\#}{Zt.} = \frac{400 \cdot 90}{360 : 5{,}5} = \frac{36\,000}{65{,}45}$ $\underline{\underline{550{,}04\ €}}$ betragen die Zinsen

3 Berechnen Sie die Verzugszinsen mit # und Zinsteiler für (dt. kaufm. Zinsrechnung):
a) 4.220,00 € zu 4   % vom 20. Jan. bis 26. Febr.
b) 9.627,35 € zu 2½ % vom 15. April bis 8. Sept.
c) 10.852,93 € zu 3,5 % vom 9. Juni bis 27. Okt.
d) 5.117,30 € zu 9,2 % vom 27. Okt. bis 3. Jan.

4 Berechnen Sie die Rückzahlungssummen einschließlich Verzugszinsen (dt. kaufm. Zinsrechnung):

	Forderungssumme	fällig am	Rückzahlung am	Verzugszinsen
a)	2.670,20 €	25. Juni	17. Juli	4,75 %
b)	2.677,00 €	19. März	2. Juni	7 %
c)	739,00 €	16. Jan.	Ende Februar	10½ %
d)	7.693,70 €	2. Okt.	18. Dez.	8¼ %
e)	5.429,25 €	13. Nov.	5. Jan.	4,2 %

5.1.3 Summarisches Zinsrechnen

Werden mehrere Kapitalien mit *verschiedener Laufzeit,* aber *gleichem Zinssatz* verzinst, können die Zinsen in *einer Rechnung (= summarisch)* ermittelt werden. Der Zinsteiler ist für alle Zinszahlen (#) gleich.

Beispiel Ein Schuldner will zum 30. Juni vier Rechnungen ausgleichen: Nr. 1 über 3.100,00 €, fällig seit 28. Dez.; Nr. 2 über 550,00 €, fällig seit 2. Febr.; Nr. 3 über 2.155,50 €, fällig seit 17. März; Nr. 4 über 1.570,00 €, fällig seit 1. Juni; 6½ % Verzugszinsen. Auf welchen Betrag muss seine Überweisung ausgestellt sein? (kaufm. Zinsrechnung)

Lösung

Rechnungsbetrag	Stichtag: 30. Juni	Zinstage	#
Nr. 1 3.100,00 €	fällig seit 28. Dez.	182	5 642
Nr. 2 550,00 €	fällig seit 2. Febr.	148	814
Nr. 3 2.155,50 €	fällig seit 17. März	103	2 220
Nr. 4 1.570,00 €	fällig seit 1. Juni	29	455
7.375,50 €			9 131
+ 164,88 € Verzugszinsen 6½ %			
7.540,38 € Überweisung am 30. Juni			

Lösungsweg

① Aufstellung machen und Zinstage errechnen
② # ermitteln
③ Verzugszinsen ermitteln und addieren

$$\frac{\#}{Zt.} = \frac{9\,131}{360:6{,}5} = \frac{9\,131}{55{,}38} \quad 164{,}88 \,€$$

1 Ein Kunde erhält von seiner Bank am 3. Mai 5.600,00 €; am 15. Juni 7.250,00 € und am 2. Juli 600,00 € als kurzfristige Darlehen zu 8 %. Wie hoch ist die Rückzahlungssumme am 30. September?

2 Bei einer Bank wurden folgende Beträge eingezahlt:

a) 2.150,00 € am 5. Juli   Zinsen   b) 920,00 € Wert 3. Okt.   Zinsen
   783,50 € am 13. Sept.   4½ %   575,00 € Wert 17. Nov.   3,5 %
   5.120,00 € am 20. Okt.   25,40 € Wert 5. Dez.

Wie hoch sind die Guthaben am 31. Dez.?

3 Prüfen Sie die Abrechnung.

Rechnungsbetrag	Stichtag: 31. Dez.	Zinstage	#
5.200,00 €	fällig seit 3. Juli.	177	9 204
7.450,00 €	fällig seit 15. Sept.	105	7 823
880,00 €	fällig seit 29. Okt.	61	537
4.570,00 €	fällig seit 1. Nov.	59	2 696
18.100,00 €			20 260
− 450,22 € Verzugszinsen 8 %			
17.649,78 € Überweisung am 31. Dez.			

4 Der Hubert Klein KG will ein weiterer Kommanditist beitreten. Die Kommanditeinlage von 120.000,00 € soll am 1. Juli eingezahlt sein. Bei später eingehenden Zahlungen werden 5½ % Zinsen berechnet, die mit der letzten Rate zu zahlen sind. Die Zahlungen erfolgen am 1. Juli mit 60.000,00 €, am 31. Aug. mit 25.000,00 €, am 15. Sept. mit 10.000,00 €, am 25. Sept. mit 5.000,00 €, am 15. Okt. mit dem Rest.

Über welchen Betrag lautet die Gesamtzahlung am 15. Oktober?

5 Überprüfen Sie die Zinsabrechnung.

Rechnungsbetrag	Stichtag: 30. April	Zinstage	#
6.430,00 €	fällig seit 5. Jan.	105	6752
260,00 €	fällig seit 28. Febr.	60	156
10.440,00 €	fällig seit 1. März	59	6159
890,00 €	fällig seit 5. März	55	4895
18.020,00 €			17962

+ 623,68 € Verzugszinsen 12,5 %

18.643,68 € Überweisung am 30. April

5.2 Berechnen des Kapitals

Gesucht wird das Kapital, gegeben sind Zinsen (Z), Zinssatz (p) und die Zeit (t). Die Formel zur Ermittlung des Kapitals wird aus der Zinsformel abgeleitet:

$$Z = \frac{K \cdot p \cdot t}{100 \cdot 360} \quad | \cdot 100 \cdot 360$$

$$Z \cdot 100 \cdot 360 = K \cdot p \cdot t \quad | : p \cdot t$$

$$\frac{Z \cdot 100 \cdot 360}{p \cdot t} = K$$

$$K = \frac{Z \cdot 100 \cdot 360}{p \cdot t}$$

$$\boxed{\text{Kapital} = \frac{\text{Zinsen} \cdot 100 \cdot 360}{\text{Zinssatz} \cdot \text{Tage}}}$$

1 Leiten Sie die Jahres- und Monatsformel zur Ermittlung des Kapitals ab.

2 Berechnen Sie die Rechnungsbeträge bei folgenden Verzugszinsen.

	Verzugszinsen	Zinssatz	Zinstage		Verzugszinsen	Zinssatz	Zinstage
a)	4,20 €	5 %	70	e)	1.097,00 €	5½ %	45
b)	510,00 €	6 %	102	f)	22,50 €	2 %	115
c)	32,78 €	5 %	88	g)	33,75 €	9 %	45
d)	294,00 €	3 %	140	h)	3.600,00 €	12 %	72

3 Wie hoch ist eine Darlehenssumme, für die gezahlt werden

a) zu 7 % im Jahr 154,00 € Zinsen,   d) zu 6 % im Jahr, 1.071,00 € Zinsen,
b) zu 4 % im Jahr 488,00 € Zinsen,   e) zu 5½ % im Jahr, 12,10 € Zinsen,
c) zu 5 % im Jahr 328,50 € Zinsen,   f) zu 9 % im Jahr, 6,75 € Zinsen?

4 Für welches Kapital zahlt ein Schuldner
a) zu 3 % 49,50 € in 3 Monaten,
b) zu 5 % 6,00 € in 2 Monaten,
c) zu 7 % 627,60 € in 8 Monaten,
d) zu 4½ % 66,98 € in 5 Monaten,
e) zu 5½ % 5,50 € in 6 Monaten,
f) zu 2 % 40,52 € in 1 Monat,
g) zu 6 % 100,00 € in 4 Monaten?

5 Ein kurzfristiges Darlehen wird nach 66 Tagen zurückgezahlt. Der Schuldner zahlt 84,43 € = 9 % Zinsen.
a) Wie hoch war das Darlehen?
b) Wie viel Euro beträgt die gesamte Rückzahlung?

6 Welches Kapital bringt in 45 Tagen zu 12 % genauso viel Zinsen wie ein Kapital von 2.500,00 € zu 6 % in 180 Tagen?

7 Die Geschäftsleitung prüft den Ankauf eines vermieteten Lagerhauses. Die Mieteinnahmen betragen monatlich 9.000,00 €.
Beim Kauf kann eine 1. Hypothek über 300.000,00 € zu 6 % übernommen werden. Die Reparatur- und Instandhaltungskosten betragen 10 % der jährlichen Mieteinnahmen, für Steuern, Versicherungen und sonstige Kosten sind jährlich 18.850,00 € aufzuwenden.
Welchen Kaufpreis kann das Unternehmen höchstens bieten, wenn eine Kapitalverzinsung von 5 % angestrebt wird?

5.3 Berechnen des Zinssatzes

Gesucht wird der Zinssatz, gegeben sind Zinsen (Z), Kapital (K) und Zeit (t). Die Formel zur Ermittlung des Zinssatzes wird aus der Zinsformel abgeleitet:

$$Z = \frac{K \cdot p \cdot t}{100 \cdot 360} \quad | \cdot 100 \cdot 360$$

$$Z \cdot 100 \cdot 360 = K \cdot p \cdot t \quad | : K : t$$

$$\frac{Z \cdot 100 \cdot 360}{K \cdot t} = p$$

$$p = \frac{Z \cdot 100 \cdot 360}{K \cdot t}$$

$$\text{Zinssatz} = \frac{\text{Zinsen} \cdot 100 \cdot 360}{\text{Kapital} \cdot \text{Tage}}$$

1 Leiten Sie die Jahres- und die Monatsformel zur Ermittlung des Zinssatzes ab.

2 Bestimmen Sie den Zinssatz:

	Zinsen	Kapital	Zinstage		Zinsen	Kapital	Zinstage
a)	9,00 €	72,00 €	150	d)	20,15 €	978,00 €	71
b)	20,42 €	2.450,00 €	75	e)	26,50 €	1.815,00 €	103
c)	5,40 €	765,00 €	76	f)	216,00 €	9.600,00 €	71

3 Ermitteln Sie den Zinssatz:

a)   750,00 € in 2   Monaten   7,50 € Zinsen
b) 2.400,00 € in 7   Monaten 84,00 € Zinsen
c) 3.650,00 € in 1½ Monaten 18,25 € Zinsen
d)   920,00 € in 15 Monaten 100,13 € Zinsen
e) 1.230,00 € in 3½ Monaten 43,05 € Zinsen
f) 3.500,00 € in 3   Monaten 70,00 € Zinsen

4 Zu welchem Zinssatz erhält ein Gläubiger im Jahr für 15.000,00 €:

a) 900,00 €;   b) 600,00 €;   c) 675,00 €;   d) 825,00 € Zinsen?

5 Zu welchem Zinssatz bringen 32.000,00 € in 72 Tagen 768,00 € Zinsen?

6 Ein Kredit wird einschließlich der Zinsen von 28.125,00 € mit 528.125,00 € zurückgezahlt. Kreditzeit: 270 Tage. Zu welchem Zinssatz wurde er erteilt?

7 Zu welchem Zinssatz waren 8.000,00 € 72 Tage als Kredit gegeben? Der Schuldner zahlt 160,00 € Zinsen an den Gläubiger.

8 Der Kaufpreis eines Geschäftsgebäudes beträgt 900.000,00 €. Die Finanzierung erfolgt mit 500.000,00 € Eigenkapital, einer 1. Hypothek zu 7 % und einer 2. Hypothek über 150.000,00 € zu 8,5 %.

Weiter entstehen folgende laufende Kosten: Steuern, Versicherungen und Gebühren 1.500,00 € (vierteljährlich), Reparaturen und Instandhaltung 1 % der Kaufsumme, sonstige Kosten 5.000,00 € jährlich.

Die Mieteinnahmen betragen monatlich 7.300,00 €.

Mit wie viel Prozent verzinst sich das Eigenkapital?

5.4 Berechnen der Zeit

Gesucht wird die Zeit, gegeben sind Zinsen (Z), Kapital (K) und Zinssatz (p). Die Formel zur Ermittlung der Zeit wird aus der Zinsformel abgeleitet:

$$Z = \frac{K \cdot p \cdot t}{100 \cdot 360} \quad | \cdot 100 \cdot 360$$

$$Z \cdot 100 \cdot 360 = K \cdot p \cdot t \quad | : K : p$$

$$\frac{Z \cdot 100 \cdot 360}{K \cdot p} = t$$

$$t = \frac{Z \cdot 100 \cdot 360}{K \cdot p}$$

$$\text{Zeit} = \frac{\text{Zinsen} \cdot 100 \cdot 360}{\text{Kapital} \cdot \text{Zinssatz}}$$

1 Leiten Sie die Jahres- und die Monatsformel zur Ermittlung der Zeit ab.

2 Wie viel Jahre war ein Kapital von

a) 3.500,00 € angelegt, wenn es bei 6 % 630,00 € Zinsen brachte?
b) 250,00 € angelegt, wenn es bei 7 % 87,50 € Zinsen brachte?
c) 25.630,00 € angelegt, wenn es bei 8 % 9.226,80 € Zinsen brachte?
d) 50,00 € angelegt, wenn es bei 4 % 31,00 € Zinsen brachte?
e) 9.218,00 € angelegt, wenn es bei 4½ % 2.488,86 € Zinsen brachte?

3 Wie viel Monate wurden folgende Darlehen verzinst?

Zinsertrag
a) 6.240,00 € zu 5 % 182,00 €
b) 2.926,00 € zu 8 % 117,04 €
c) 850,00 € zu 4 % 51,00 €
d) 4.228,00 € zu 6 % 116,27 €
e) 36.760,00 € zu 7½ % 2.757,00 €

4 Wie viel Tage wurden folgende Beträge verzinst?

Errechnen Sie den Rückzahlungstag mit der kaufmännischen Zinsrechnung und mit der Eurozinsrechnung.

	Betrag	Zinssatz	Zinsen	fällig seit
a)	2.420,00 €	4 %	12,10 €	15. April
b)	240,00 €	5 %	5,20 €	28. März
c)	18.690,00 €	6 %	186,90 €	7. Dez.
d)	7.536,00 €	4,5 %	306,15 €	17. Sept.
e)	5.629,00 €	12 %	365,27 €	22. Jan.

5 Wann wurde ein Kredit von 72.000,00 € zu 10 % aufgenommen, für den wir am 30. Juni mit 1.600,00 € Zinsen belastet werden? (kaufm. Zinsrechnung)

6 Für eine fällige Rechnung werden am 4. Febr. einschl. 9,5 % Verzugszinsen 17.212,30 € überwiesen. Die Zahlungsbedingungen lauteten: „Zahlung sofort mit 2 % Skonto oder 30 Tage netto" – die Verzugszinsen betragen 412,30 €.

Wann wurde die Rechnung ausgestellt? (kaufm. Zinsrechnung)

5.5 Zinsrechnen vom vermehrten und verminderten Wert

Für die Berechnung ist gegeben
> entweder
> der **vermehrte Wert** = Kapital + Zinsen
> oder
> der **verminderte Wert** = Kapital − Zinsen.

Gesucht werden das **Ausgangskapital** und die **Höhe der Zinsen**.

Beispiel 1 **Vermehrter Wert**

Ein mit 6 % verzinstes Darlehen wird nach 324 Tagen mit 4.031,55 € zurückgezahlt. Wie hoch war es und wie viel Zinsen sind in der Rückzahlung enthalten?

Lösung 4.031,55 € sind der um die Zinsen vermehrte Wert.

① Die 6 % Jahreszinsen (360 Tage) werden auf den Kreditzeitraum von 324 Tagen umgerechnet:

Kettensatz: x % ≙ 324 Tage
360 Tage ≙ 6 %

$$x = \frac{324 \cdot 6}{360} = 5{,}4\,\%$$

Das Anfangskapital ist um 5,4 % vermehrt.

② Das Anfangskapital ≙ 100 % wird gesucht:

x € ≙ 100 %
105,4 % ≙ 4.031,55 €

$$x = \frac{100 \cdot 4.031{,}55}{105{,}4} = 3.825{,}00\,€$$

③ Berechnung der Zinsen:

Anfangskapital	3.825,00 €
+ Zinsen 324 Tage / 6 %	206,55 €
Darlehensrückzahlung	4.031,55 €

Beispiel 2 **Verminderter Wert**

Eine Bank zahlt ein für 144 Tage gewährtes Darlehen bei Abzug von 7½ % Jahreszinsen mit 1.940,00 € an den Kreditnehmer aus. Wie viel Euro betragen Darlehen und Zinsen?

Lösung 1.940,00 € sind der um die Zinsen verminderte Wert.

① Die 7 ½ % Jahreszinsen (360 Tage) werden auf die Laufzeit des Darlehens (144 Tage) umgerechnet:

Kettensatz: x % ≙ 144 Tage
360 Tage ≙ 7 ½ %

$$x = \frac{144 \cdot 7{,}5}{360} = 3\,\%$$

Das Anfangskapital ist um 3 % vermindert.

(Fortsetzung auf Seite 60)

(Fortsetzung von Seite 59)

② Das Anfangskapital ≙ 100 % wird errechnet:

$$x\,€ \;\widehat{=}\; 100\,\%$$
$$97\,\% \;\widehat{=}\; 1.940{,}00\,€$$

$$x = \frac{100 \cdot 1.940{,}00}{97} = 2.000{,}00\,€$$

③ Berechnung der Zinsen:

Darlehenssumme	2.000,00 €
− Zinsen 144 Tage / 7½ %	60,00 €
Auszahlung	1.940,00 €

1 Berechnen Sie die Höhe des Kredits und die Höhe der Zinsen.

	Rückzahlung einschl. Zinsen	Zinssatz	Kreditdauer
a)	7.631,25 €	4½ %	140 Tage
b)	6.969,00 €	2 %	180 Tage
c)	2.958,85 €	3 %	36 Tage
d)	1.357,88 €	5 %	162 Tage
e)	3.674,34 €	5½ %	180 Tage

2 Ermitteln Sie die tatsächliche Schuldhöhe und die Zinsen.

	Auszahlung	Zinssatz	Kreditdauer
a)	394,80 €	6 %	78 Tage
b)	2.198,38 €	4½ %	180 Tage
c)	5.590,53 €	5 %	72 Tage
d)	16.594,00 €	8 %	90 Tage
e)	995,00 €	7½ %	24 Tage

3 Ein Hersteller von Verkaufswaagen erhält einen Zwischenkredit zu 12 %, der in 90 Tagen zurückzuzahlen ist, mit 24.250,00 € ausgezahlt.

Wie viel Euro betragen Kredit und Zinsen?

4 Ein Kunde überweist für eine seit 136 Tagen fällige Rechnung 32.405,56 € einschließlich 9 % Verzugszinsen.

Ermitteln Sie die ursprüngliche Forderung und die Zinsen.

5 Unsere Hausbank zahlt einen 6-Monatskredit nach Abzug von 10 % Zinsen und 1 % Bearbeitungsgebühr von der Darlehenssumme am 21. April mit 61.100,00 € aus.

Wie hoch sind der tatsächliche Kredit, die Zinsen und die Bearbeitungsgebühr?

6 Ein Schuldner erhält einen Kredit (Laufzeit: 135 Tage) nach Abzug von 7,5 % Zinsen und 0,5 % Bearbeitungsgebühr auf die Kreditsumme mit 19.337,50 € ausgezahlt.

Errechnen Sie die Kreditsumme, die Zinsen und die Bearbeitungsgebühr.

5.6 Der effektive Zinssatz bei Darlehen

Darlehen werden von Banken an **gewerbliche Kreditnehmer** häufig nicht zum vollen Betrag (100 %) ausgezahlt, sondern mit einem **Disagio/Damnum** (Abschlag). Provisionen und Spesen können den Auszahlungsbetrag weiter vermindern. **Dadurch werden die tatsächlichen (effektiven) Kreditkosten höher als der vereinbarte Zins (Nominalzins).**[1]

Beispiel Eine Bank zahlt ein Darlehen von 60.000,00 €, das mit 8 % Zinsen begeben wird, zu 95 % aus. Die Bank berechnet 2 % Bearbeitungsgebühren und 30,00 € Spesen. Das Darlehen ist nach Ablauf von 10 Jahren in einer Summe zu tilgen.

Wie hoch sind a) der Auszahlungsbetrag?
 b) die tatsächlichen Kreditkosten in Euro?
 c) der effektive Zinssatz?

Lösung zu a)

Darlehen	60.000,00 €
– 5 % Disagio	3.000,00 €
– 2 % Gebühren	1.200,00 €
– Spesen	30,00 €
Auszahlungsbetrag	55.770,00 €

zu b)

Die effektiven Kreditkosten ergeben sich aus den Kreditzinsen, dem Disagio, den Gebühren und den Spesen.

Zinsen (10 Jahre zu 8 % auf 60.000,00 €)	48.000,00 €
+ Disagio (5 % von 60.000,00 €)	3.000,00 €
+ Gebühren (2 % von 60.000,00 €)	1.200,00 €
+ Spesen	30,00 €
effektive Kreditkosten	52.230,00 €

zu c)

Um den effektiven Zinssatz zu ermitteln, müssen die Kreditkosten (hier: 52.230,00 €) auf 1 Jahr und zum gesamten Auszahlungsbetrag (hier: 55.770,00 €) ins Verhältnis gesetzt werden. Das geschieht mit der Zinsformel (hier: Jahresformel):

$$p = \frac{Z \text{ (eff. Kreditkosten)} \cdot 100 \cdot 1}{K \text{ (Auszahlungsbetrag)} \cdot \text{Jahre}} = \frac{52.230,00 \cdot 100}{55.770,00 \cdot 10} = \underline{\underline{9,4\%}}$$

Durch Disagio, Gebühren und Spesen hat sich der Zinssatz von (nominal) 8 % auf (effektiv) 9,4 % erhöht.

---

[1] Banken dürfen ihren privaten Kunden neben den Zinsen keine weiteren Kosten oder Abschläge von der Kreditsumme in Rechnung stellen (BGH-Urteil 2014). Der effektive Zinssatz ist vom Kreditgeber auszuweisen (z. B. beim Ratenkredit).

1 Errechnen Sie für folgende Darlehen, die am Ende der Laufzeit in einer Summe getilgt werden:

- die Auszahlungsbeträge,
- die tatsächlichen Kreditkosten in Euro,
- die effektiven Zinssätze.

	Darlehen in €	Laufzeit	Zinssatz	Auszahlung	Provision	Spesen in €
a)	80.000,00	4 Jahre	6,5 %	96,5 %	1,5 %	15,00
b)	130.000,00	8 Jahre	7,5 %	98,5 %	2,5 %	–
c)	25.000,00	3 Jahre	8,5 %	94,5 %	–	4,00
d)	220.000,00	5 Jahre	5,5 %	99,5 %	1,5 %	40,00
e)	68.000,00	2 Jahre	9,5 %	97,5 %	–	–
f)	55.000,00	10 Jahre	6,5 %	98,5 %	0,5 %	5,00

2 Ein Holzwerk benötigt zur Restfinanzierung einer Kesseldruckimprägnierungsanlage ein langfristiges Darlehen über 180.000,00 €, das nach 10 Jahren in einer Summe zurückgezahlt werden soll. Folgende Kreditangebote von Banken liegen vor:

Sparkasse:	Zinssatz 8,5 %; Auszahlung 97 %; Provision 1 % von der Darlehenssumme; Bearbeitungsgebühr 25,00 €.
Industriebank:	Zinssatz 8 %; Disagio 2,5 %; einmalige Bearbeitungsgebühr 2 % von der Darlehenssumme; Spesen 40,00 €.
Genossenschaftsbank:	Zinssatz 8 $\frac{1}{4}$ %; Auszahlung 98 %; Provision 2,5 % von der Darlehenssumme; Nebenkosten 50,00 €.

Für welches Angebot entscheidet sich das Unternehmen?
Errechnen Sie die Auszahlung, die Kreditkosten und die effektiven Zinssätze.

5.7 Der effektive Zinssatz beim Ausnutzen von Skonto bei gleichzeitiger Kreditaufnahme

Das Ausnutzen von Skonto lohnt sich für das Unternehmen immer dann, wenn genügend flüssige Mittel vorhanden sind. Muss für die Zahlung innerhalb der Skontofrist Kredit aufgenommen werden, lohnt es sich nur, wenn der Skontobetrag die Nettokreditkosten (Kreditkosten + eigene Bearbeitungskosten) übersteigt. Sind die Skontoerträge niedriger als die Kreditkosten oder gleichen sich Kosten und Erträge aus, empfiehlt es sich, den vollen Zielzeitraum in Anspruch zu nehmen.

Zinsrechnen

Beispiel 1 Lieferantenrechnung: 5.000,00 €; Zahlungsbedingungen: „Zahlung innerhalb von 14 Tagen mit 3 % Skonto oder innerhalb von 30 Tagen netto".

Um Skonto auszunutzen, müsste ein Bankkredit über den Überweisungsbetrag aufgenommen werden. Der Bankzinssatz beträgt 18 %.

Lohnt sich die Kreditaufnahme für das Ausnutzen von Skonto?

a) Wie viel Euro beträgt der Skontoabzug? Welche Kreditsumme wird für die Überweisung innerhalb der Skontofrist benötigt?
b) Für welchen Zeitraum muss der Kredit in Anspruch genommen werden?
c) Wie viel Jahresprozent beträgt der Skontosatz für die Kreditzeit?
d) Wie viel Euro betragen die Kreditkosten und der Finanzierungserfolg?

Lösung zu a) **Errechnen des Überweisungsbetrags/des benötigten Kredits**

Rechnungsbetrag	5.000,00 €
− 3 % Skonto	150,00 €
Überweisung/benötigter Kredit	4.850,00 €

zu b) Feststellen der Kreditlaufzeit

Zahlungsziel: 30 Tage − Skontofrist: 14 Tage = Kreditlaufzeit: <u>16 Tage</u>

```
                         Kreditlaufzeit: 16 Tage ≙ 3 % Skonto
├─────────────────────────┼─────────────────────────┤
Rechnungs-              14 Tage                  30 Tage
eingang               „Zahltag" bei           „Zahltag" ohne
                      Skontoabzug              Skontoabzug
```

zu c) Umrechnen des Skontosatzes auf den Jahreszinssatz

Der Bankzinssatz bezieht sich auf ein Jahr. Die 3 % Skonto beziehen sich auf die Kreditlaufzeit von 16 Tagen. Auf ein Jahr umgerechnet ergibt das:

① **mit kaufmännischer Überschlagsrechnung**

$$x \% \triangleq 360 \text{ Tage} \qquad x = \frac{360 \cdot 3}{16} = 67{,}5 \% \text{ im Jahr}$$
$$16 \text{ Tage} \triangleq 3 \%$$

Diese Rechnung wird in der kaufmännischen Praxis angewendet, um eine schnelle Entscheidungshilfe zu erhalten. Die Überschlagsrechnung reicht in der Regel aus.

② **mit mathematisch genauer Rechnung**

Hier wird der Skontoertrag von 150,00 € ≙ 3 % auf die tatsächliche Zahlung von 4.850,00 € ≙ 97 % bezogen.

Werden die Werte in die Formel für das Errechnen des Jahreszinssatzes eingesetzt, erhöht sich der Zinssatz:

$$p = \frac{Z \cdot 100 \cdot 360}{K \cdot t} = \frac{150{,}00 \cdot 100 \cdot 360}{4.850{,}00 \cdot 16} = 69{,}59 \% \quad \text{oder} \quad p = \frac{3 \cdot 100 \cdot 360}{97 \cdot 16} = 69{,}59 \%$$

Der Skontoabzug lohnt sich, da die Skontoerträge auf den Zeitraum eines Jahres bezogen 67,5 %/69,59 %, die Jahreskreditkosten der Bank aber nur 18 % betragen.

(Fortsetzung auf Seite 64)

(Fortsetzung von Seite 63)

Lösung zu d) Berechnen der Kreditzinsen und des Finanzierungserfolgs

Die Kreditkosten für den benötigten Kredit von 4.850,00 € werden mit der Zinsformel berechnet:

1. Zinsen

$$Z = \frac{K \cdot p \cdot t}{100 \cdot 360} = \frac{4.850,00 \cdot 18 \cdot 16}{100 \cdot 360} = \underline{\underline{38,80 \text{ €}}}$$

2. Finanzierungserfolg

Skontoertrag	150,00 €
Kreditkosten	38,80 €
Finanzierungs**gewinn**	111,20 €

Beispiel 2 Rechnungsbetrag 12.000,00 €; Zahlungsbedingungen: innerhalb von 10 Tagen mit 2 % Skonto oder 60 Tage netto. Lohnt sich die Kreditaufnahme bei der Bank zum Ausnutzen von Skonto bei 18 % Bankzinsen?

a) Wie viel Euro betragen der Skontoertrag und ein eventuell benötigter Kredit? Wie lange müsste der Kredit laufen?
b) Wie viel Jahresprozent beträgt der Skontosatz für die Kreditzeit?
c) Wie viel Euro betragen die Kreditkosten und der Finanzierungsgewinn/-verlust?

Lösung zu a) Berechnen der Überweisung/des benötigten Kredits

Rechnungsbetrag	12.000,00 €
− 2 % Skonto	240,00 €
Überweisung/benötigter Kredit	11.760,00 €

Zahlungsziel: 60 Tage − Skontofrist 10 Tage = Kreditlaufzeit: **50 Tage**

zu b) Umrechnen des Skontosatzes auf den Jahreszinssatz

Der Zinssatz bezieht sich auf ein Jahr. Die 2 % Skonto beziehen sich auf die Kreditlaufzeit von 50 Tagen. Auf 1 Jahr umgerechnet ergibt das:

① **mit kaufmännischer Überschlagsrechnung**

x % ≙ 360 Tage
50 Tage ≙ 2 %

$$x = \frac{360 \cdot 2}{50} = \underline{\underline{14,4 \text{ \% für 1 Jahr}}}$$

② **mit mathematisch genauer Rechnung**

$$p = \frac{Z \cdot 100 \cdot 360}{K \cdot t} = \frac{240,00 \cdot 100 \cdot 360}{11.760,00 \cdot 50} = \underline{\underline{14,69 \text{ \%}}} \quad \text{oder} \quad p = \frac{2 \cdot 100 \cdot 360}{98 \cdot 50} = \underline{\underline{14,69 \text{ \%}}}$$

Das Ausnutzen von Skonto unter Kreditaufnahme lohnt sich nicht, da die Skontoerträge (14,4 / 14,69 Jahresprozent) niedriger sind als die Kreditkosten (18 %).

Zinsrechnen

zu c) Berechnen der Kreditzinsen und des Finanzierungserfolgs
Die benötigte Kreditsumme beträgt 11.760,00 €.

1. Zinsen
$$Z = \frac{K \cdot p \cdot t}{100 \cdot 360} = \frac{11.760{,}00 \cdot 18 \cdot 50}{100 \cdot 360} = \underline{\underline{294{,}00\ €}}$$

2. Finanzierungserfolg

Skontoertrag	240,00 €
Kreditkosten	294,00 €
Finanzierungs**verlust**	54,00 €

1 Lohnt sich die Kreditaufnahme zum Ausnutzen von Skonto bei folgenden Rechnungen? Errechnen Sie für Ihre Entscheidung den Skontobetrag, die benötigte Kreditsumme, die Kreditlaufzeit, den Jahresprozentsatz des Skontosatzes und den Finanzierungsgewinn bzw. -verlust.

	Rechnungsbetrag	Zahlungsbedingungen	Netto-Kreditkosten
a)	25.000,00 €	sofort mit 2 % Skonto oder 1 Monat netto	15 %
b)	14.000,00 €	sofort mit 3 % Skonto oder 15 Tage netto	11,5 %
c)	230.000,00 €	in 20 Tg. mit 1 % Skonto oder 30 Tg. netto	12 %
d)	62.500,00 €	in 30 Tagen mit 2 % oder 3 Monate netto	15 %
e)	9.750,00 €	sofort mit 2 % oder 1½ Monate netto	16 %
f)	4.800,00 €	in 15 Tagen mit 1½ % oder 30 Tage netto	12 %
g)	93.400,00 €	in 8 Tagen mit 3 % oder 20 Tage netto	14 %

2 Wir erhalten eine Lieferantenrechnung über 75.000,00 € mit folgenden Zahlungsbedingungen:

„Zahlung innerhalb von 14 Tagen mit 2,5 % Skonto oder innerhalb von 30 Tagen netto Kasse".

Wegen Liquiditätsschwierigkeiten ist zu prüfen, ob sich die Inanspruchnahme eines Überziehungskredites zu 12,5 % zum Ausnutzen von Skonto lohnt.

Errechnen Sie den eventuellen Kreditbetrag, den Jahresprozentsatz des Skontoabzugs, die tatsächlichen Kreditkosten und den Finanzierungserfolg.

3 Eine Rechnung über 43.200,00 € ist sofort mit 1 % Skonto oder in 30 Tagen netto Kasse fällig.

Lohnt sich die Kreditaufnahme zum Ausnutzen von Skonto bei einem Bankzinssatz von 15 %?

Stellen Sie den Skontoabzug, den eventuell benötigten Kredit, den Jahresprozentsatz des Skontoabzugs, die effektiven Kreditkosten und den eventuellen Finanzierungsgewinn oder -verlust fest.

Beispiel 3 Rechnungsbetrag: 20.000,00 €; Zahlungsbedingung: „Zahlung innerhalb von 8 Tagen mit 2,5 % Skonto oder innerhalb von 30 Tagen netto".
Lohnt sich die Kreditaufnahme zum Ausnutzen von Skonto? – Die Bank berechnet 18 % Zinsen und 0,5 % Bearbeitungsgebühr von der Kreditsumme.
a) Wie hoch ist der benötigte Kreditbetrag? Errechnen Sie die Kreditlaufzeit.
b) Wie viel Jahresprozent beträgt der Skontoabzug für die kostenpflichtige Kreditzeit?
c) Wie viel Euro betragen die Kreditkosten und der Finanzierungserfolg?
d) Wie viel Jahresprozent entsprechen den Kreditkosten?

Lösung **zu a) Berechnen des benötigten Kredits**

Rechnungsbetrag	20.000,00 €
– 2,5 % Skonto	500,00 €
benötigter Kredit	19.500,00 €

Kreditzeitraum: 22 Tage

zu b) Errechnen des Jahresprozentsatzes

① mit kaufmännischer Überschlagsrechnung

x % ≙ 360 Tage
22 Tage ≙ 2,5 % $x = \underline{\underline{40,9\,\%}}$

② mit mathematisch genauer Rechnung

$p = \dfrac{500,00 \cdot 100 \cdot 360}{19.500,00 \cdot 22}$ $p = \underline{\underline{41,96\,\%}}$

zu c) Berechnen der Kreditkosten und des Finanzierungserfolgs
Die benötigte Kreditsumme beträgt 19.500,00 €.

1. Zinsen $Z = \dfrac{19.500,00 \cdot 18 \cdot 22}{100 \cdot 360} = 214,50\,€$

2. Bearbeitungsgebühr   + 0,5 % von 19.500,00 € .... 97,50 €
gesamte Kreditkosten: .... 312,00 €

3. Finanzierungserfolg   Skontoertrag .... 500,00 €
Kreditkosten .... 312,00 €
Finanzierungs**gewinn** .... 188,00 €

zu d) Errechnen des Jahresprozentsatzes der Kreditkosten der Bank

$p = \dfrac{\text{Kreditkosten} \cdot 100 \cdot 360}{\text{Kreditsumme} \cdot \text{Tage}} = \dfrac{312,00 \cdot 100 \cdot 360}{19.500,00 \cdot 22} = \underline{\underline{26,18\,\%}}$

Die Aufnahme des Bankkredits zum Ausnutzen von Skonto lohnt sich: Der Finanzierungsgewinn beträgt 188,00 €; der Jahresprozentsatz der Kreditkosten beträgt 26,18 %, der Jahresprozentsatz der Skontoerträge 40,9 % bzw. 41,96 %.

4 Prüfen Sie, ob sich für das Unternehmen die Kreditaufnahme zum Ausnutzen von Skonto zu folgenden Bedingungen lohnt.

Errechnen Sie dazu den eventuell nötigen Kreditbetrag, die Kreditlaufzeit, den Jahresprozentsatz des Skontoabzugs, die tatsächlichen Kreditkosten, den effektiven Zinssatz der Kreditkosten und den Finanzierungserfolg.

	Rechnungsbetrag	Zahlungsbedingungen	Kreditkosten	
			Zinsen	Gebühr v. Kreditsumme
a)	14.000,00 €	in 14 Tagen mit 3 % Skonto oder 60 Tage netto	10 %	0,75 %
b)	9.300,00 €	in 10 Tagen mit 2 % Skonto oder 30 Tage netto	19 %	1 %
c)	5.800,00 €	sofort mit 2,5 % Skonto oder 14 Tage netto	12 %	1 %
d)	38.250,00 €	14 Tage mit 3 % Skonto oder 30 Tage netto	15 %	2 %

5.8 Übungen zum Zinsrechnen

1 3.280,20 € sind zu 8 % angelegt. Wie viel Zinsen bringen sie vom 20. April bis 2. Juli?
Zinstage: a) kaufmännische Methode b) Eurozinsmethode

2 Welches Kapital bringt vom 16. März bis 26. August zu 4 % 485,60 € Zinsen?
Zinstage: a) kaufmännische Methode b) Eurozinsmethode

3 Zu welchem Zinssatz bringen 720,00 € vom 18. Januar bis 3. März 5,40 € Zinsen? (Schaltjahr)
Zinstage: a) kaufmännische Methode b) Eurozinsmethode

4 Wie lange wurde ein Kapital von 5.000,00 € zu 9 % verzinst, wenn es in dieser Zeit 300,00 € Zinsen brachte?

5 Ein Kunde will am 13. Juli drei Rechnungen einschließlich 5½ % Verzugszinsen und 2,50 € Mahnkosten ausgleichen (Zinstage = kaufmännische Berechnungsmethode):

Rechnung 1   über 2.150,50 €,   fällig seit dem 2. April
Rechnung 2   über   920,00 €,   fällig seit dem 19. Mai
Rechnung 3   über 1.745,60 €,   fällig seit dem 7. Juni

Über welchen Betrag lautet die Überweisung?

6 Nach 72 Tagen wird von einem Unternehmen ein Zwischenkredit einschließlich 7½ % Zinsen mit 8.526,00 € zurückgezahlt. Wie hoch war der Kredit?

7 Eine Leuchtenhersteller nimmt bis zum Eingang einer Kundenzahlung für 144 Tage einen Überbrückungskredit auf. Nach Abzug von 5 % Zinsen werden 70.560,00 € dem Konto der Großhandlung gutgeschrieben. Wie hoch war die Kreditsumme?

8 Welches Kapital bringt zu 4½ % dieselben Zinsen wie ein Kapital von 24.400,00 € zu 7½ %?

9 Ein kurzfristiges Darlehen von 12.500,00 € wird am 8. Dezember mit 12.725,00 € zurückgezahlt. Der Zinssatz betrug 9 %. Wann wurde das Darlehen aufgenommen? (kaufmännische Berechnungsmethode)

10 Zu welchem Zinssatz waren 25.000,00 € für 130 Tage angelegt? Der Kunde erhält 677,08 € Zinsen.

11 Ein Unternehmen gleicht nach 14 Tagen eine Lieferantenrechnung über 3.820,00 € unter Abzug von 3 % Skonto aus.

a) Wie hoch ist die Überweisung?
b) Welchem Jahresprozentsatz entspricht der Skontosatz, wenn das Zahlungsziel 30 Tage beträgt?

12 An einem Kaufhaus ist ein stiller Gesellschafter mit 3.450.000,00 € beteiligt. Der Gesellschaftsvertrag sieht eine Einlagenverzinsung von 4 % vor. Bei einem Reingewinn des Unternehmens über 5 Mio. € erhält der Gesellschafter zusätzlich einen Bonus von 2½ %, bei einem Reingewinn von mehr als 7,5 Mio. € einen Bonus von 3 % vom *jeweiligen* Mehrgewinn.

Reingewinn im 1. Beteiligungsjahr: 3.958.200,00 €
Reingewinn im 2. Beteiligungsjahr: 5.732.000,00 €
Reingewinn im 3. Beteiligungsjahr: 8.622.400,00 €

Wie hoch ist die Durchschnittsrendite der drei Jahre
a) in Euro,   b) in Prozent?

13 Ein Büro- und Computersystem-Unternehmen erhält nach 90 Tagen eine fällige Rechnung einschließlich 10 % Jahresverzugszinsen und 3,10 € Mahnkosten mit 8.859,10 € bezahlt. Über welchen Betrag lautete die Rechnung und wie viel Euro betragen die Zinsen?

14 Ein Kapital von 26.000,00 € brachte in 140 Tagen 455,00 € Zinsen. Wie hoch ist das Kapital, das in 72 Tagen zum gleichen Zinssatz 1.475,00 € Zinsen einbringt?

Zinsrechnen

15 Ein Kreditnehmer zahlt an einen Finanzmakler ein Darlehen von 3.600,00 € nach 8 Monaten Laufzeit mit 4.140,00 € zurück. Wie viel Prozent betrug die Verzinsung?

16 Drei Lieferantenrechnungen sollen ausgeglichen werden:

Rechnung 1 über   5.217,30 €;   Zahlung: innerhalb von 14 Tagen mit 3 % Skonto oder 30 Tage netto;
Rechnung 2 über 18.250,00 €;   Zahlung: sofort mit 1½ % oder 60 Tage netto;
Rechnung 3 über   2.638,75 €;   Zahlung: sofort mit 1   % oder 30 Tage netto.

a) Wie hoch sind die Überweisungen bei Skontoabzug?
b) Lohnt sich das Absetzen von Skonto, wenn hierzu ein Bankkredit zu 12 % (einschließlich Spesen usw.) aufgenommen werden muss?
c) Errechnen Sie das Finanzierungsergebnis.

17 Ein durch Sicherungsübereignung des Warenlagers abgesicherter Kredit von 45.800,00 €, der am 12. Februar aufgenommen worden ist, wird einschließlich 10 % Zinsen mit 48.280,33 € zurückgezahlt. Wann wird der Kredit zurückgezahlt? (kaufmännische Zinsrechnung)

18 Der durchschnittliche Lagerbestand eines Unternehmens beträgt 500.000,00 €, der Lagerumschlag 4 Mio. €. Das Unternehmen rechnet mit 6 % Jahreszinsen.

a) Ermitteln Sie die durchschnittliche Lagerdauer.
b) Wie hoch ist der kalkulatorische Lagerzinssatz?
   (Jahreszinssatz bezogen auf die durchschnittliche Lagerdauer)

19 Die KfW (Kreditanstalt für Wiederaufbau) gibt eine 10-jährige Anleihe über 2,5 Mrd. € heraus. Der Kupon lautet auf 6 %, der Ausgabepreis beträgt 98,831 %. Die Anleihe kommt in Stücken zu je 1.000,00 €. Valutatag ist der 9. Februar. Die Gebühren betragen insgesamt 0,325 %.

Wie hoch ist die Durchschnittsrendite bei ein-, fünf- und zehnjährigem Besitz? (Gebühren auf Nennwert, ebenso Zinsen; Rückzahlung 100 %)

20 Auszug: Offene Posten Debitoren

```
Kurz GmbH              Offene Posten Debitoren           Datum: 03.11.....
                                                         Seite: 1
45180
Klaus Pfaff
Hanseweg 5
28305 Bremen

101 Ford. a. LL

Buch.    Beleg-   Beleg-   Beleg-   Zahlungs-   Zahlungs-   Beleg-     S/H
Datum    Nr.      Art      Datum    frist       verzug      währung    Betrag
                                    Beginn      Ab
09.08.   4518     AR       08.08.   08.08.      18.08       EUR        5.600,00 €
```

Wie viel Euro Verzugszinsen berechnen Sie dem Kunden am 3. November? (Zinssatz: 9 %, kaufmännische Zinsrechnung)

21 Unser Kunde Martin Sander ist in Zahlungsverzug geraten: Rechnung 14.240,00 € vom 25. Jan., Zahlungsziel ein Monat. Für die Verzugszeit bis einschließlich 5. Mai werden ihm 5 % Verzugszinsen (HGB) und 6,5 % Verzugsschäden (selbst in Anspruch genommener Bankkredit) berechnet.
(kaufm. Zinsrechnung)

Wie viel Zinsen hat Sander zu zahlen?   ⬜⬜⬜,⬜⬜ €

22 Folgende Rechnung soll ausgeglichen werden: Betrag 12.000,00 €, Ausstellungsdatum 20. Febr., Zahlungsziel 2 Monate, Skonto 3 % innerhalb 20 Tagen. (kaufmännische Zinsrechnung)

Wie hoch ist der Kostenunterschied zwischen Finanzierung durch Lieferanten- und Bankkredit (12¼ %), wenn der Skontoabzug in Anspruch genommen werden soll?   ⬜⬜⬜,⬜⬜ €

23 Abrechnung über Zahlungsverzug:
Rechnung .... 22.640,00 €
Verzugszinsen 9 % .... 452,80 €
Mahnkosten .... 18,00 €
Gesamtforderung .... 23.110,80 €

Der Lieferant hat versäumt, die Zinstage in die Abrechnung einzutragen; ohne sie kann die Abrechnung nicht geprüft werden.

Für wie viel Zinstage hat der Lieferant Verzugszinsen berechnet?   ⬜⬜ Tage

6 Diskontrechnen

Durch den Ankauf von Wechseln **(Diskontieren)** vor dem Fälligkeitstag gibt die Bank dem Unternehmen liquide Mittel. Das Unternehmen erhält dadurch für die Restlaufzeit des Wechsels ein Darlehen (Kredit). Die Bank berechnet dafür **Diskont = Zinsen.** Der Diskont wird von der Wechselsumme abgezogen, der Kunde erhält den **Barwert** gutgeschrieben.

Für die **Höhe des Diskontabzuges** bestehen keine Vorschriften. Die Banken orientieren sich aber am **Euribor** (European Interbank Offered Rate). Der Euribor ist der internationale Referenzzinssatz für Eurogeldgeschäfte unter Banken.[1]

Weitere Faktoren, die die Höhe des Diskonts bestimmen können, sind z. B. die Höhe der Wechselsumme, die Restlaufzeit, die Bonität des Kunden, der Kosten- und Gewinnaufschlag der Bank.

Außerdem können die Banken ihren Kunden **Spesen** berechnen (z. B. Einzugsspesen für Wechsel, Auslagen für Auskünfte über die Bonität des Kunden).

>   Wechselsumme
> − Diskont
> − Auslagen (Spesen)
>   Barwert am Verkaufstag/Gutschrift

Die Diskonttage werden nach der **Eurozinsmethode** berechnet (französische Art der Ermittlung der Zinstage):

Monate: genau nach Kalendertagen: Februar 28 bzw. 29 Tage; die anderen Monate 30 bzw. 31 Tage – **Zinsjahr:** 360 Tage

Beispiel Die Biowaren-Import GmbH Bremen zieht am 5. April einen Dreimonatswechsel auf das Feinkosthaus Schäfer in Dortmund über 6.000,00 € zur Sofortbezahlung einer Lieferung. Am 16. Mai wird der Wechsel bei der Bremer Bank AG diskontiert. Die Bank berechnet 8,5 % Diskont und 5,00 € Auslagen.

a) Wie hoch ist die Gutschrift der Bank am 16. Mai?
b) Die Biowaren-Import GmbH belastet den Dortmunder Kunden mit den veranschlagten Diskontspesen. Bei der Diskontabrechnung sind 19 % USt zu berücksichtigen.

---

[1] Ermitteln der Höhe des Euribor: Täglich (vormittags) melden 32 Kreditinstitute (darunter drei deutsche Banken) ihre Zinssätze an einen Informationsanbieter in Brüssel. Die errechneten Durchschnittssätze werden bei Reuters veröffentlicht.

Bremen, 5. April 20..   Dortmund ..–04–05

                                         5. Juli 20..

für 6.000,00 €
Dortmund, 05.04.20..   *Schäfer*

eigene Ordner   ----6.000.00----

---------------------- sechstausend ----------------------

Feinkosthaus Schäfer
                                         Biowaren-Import GmbH
                                         Am Wall 125, 28195 Bremen
44135 Dortmund, Hüttenweg 2
                                         ppa. Kaiser

Dortmund   44070050   Bremen, 5. April 20..
der Deutschen Bank   00123456

Zwischen den Beteiligten bestehen folgende Geschäftsbedingungen:

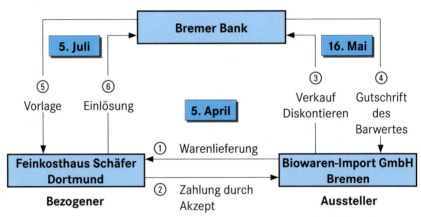

Lösung	**zu a)**	**zu b)**
	Diskonttage: 16. Mai bis 5. Juli = 50 Tage	**Diskontabrechnung**
	6.000,00 € Wechselsumme fällig am 05.07.	Diskont 70,83 €
	– 70,83 € Diskont 50/8,5 %	Auslagen 5,00 €
	(lies: 50 Tage zu 8,5 %)	verausl. Diskontspesen 75,83 €
	– 5,00 € Auslagen	19 % USt 14,41 €
	5.924,17 € Barwert am 16. Mai/Gutschrift	Forderung 90,24 €

Lösungs- **für die Diskontberechnung**[1]
weg   Der Diskont wird mit der Zinsformel berechnet:

$$\text{Diskont} = \frac{K \cdot p \cdot t}{100 \cdot 360} = \frac{6.000,00 \cdot 8,5 \cdot 50}{100 \cdot 360} = \underline{70,83 \text{ €}}$$

---

1 Werden **mehrere Wechsel in einer Abrechnung** zum Diskont eingereicht, weisen Kreditinstitute den **Diskont – auch bei gleichem Diskontsatz – für jeden Wechsel einzeln** aus. Eine summarische Errechnung des Diskonts findet nicht statt.

Diskontrechnen

1 Bei einer deutschen Bank werden folgende Wechsel diskontiert:

Wechselsumme	Verkaufstag	Verfalltag	Diskont	Auslagen
a) 3.850,00 €	10. Mai	31. Juli	7½ %	2,00 €
b) 2.328,00 €	14. Sept.	18. Nov.	4½ %	–
c) 6.290,00 €	7. Jan.	1. März	4 %	2,75 €

- Welchen Betrag schreibt die Bank gut?
- Stellen Sie dem Vormann die Diskontspesen in Rechnung. (USt: 19 %)

2 Ein Kunde indossiert an uns zum teilweisen Ausgleich einer Verbindlichkeit in Höhe von 9.815,20 € einen Wechsel über 5.620,00 €, fällig am 15. Oktober. Wir geben den Wechsel am 22. Juli bei der Bank für Handel und Industrie zum Diskont. Die Bank schreibt uns den Barwert nach Abzug von 6 % Diskont und 3,00 € Einzugsspesen gut.

Wie hoch ist die Restschuld unseres Kunden?

3 Wir geben zum teilweisen Ausgleich unserer Verbindlichkeiten in Höhe von 7.250,60 € an die Kettenwerke GmbH Altena (Westf.) ein Akzept über 4.500,00 €. Der Lieferant berechnet uns 5,75 % Diskont für 90 Tage und 1,50 € Bearbeitungsgebühr. Prüfen Sie die Abrechnung.

Wechselbetrag	4.500,00 €
Diskont 90/5,75 %	64,69 €
Auslagen	1,50 €
Barwert	4.566,19 €
Verbindlichkeiten	7.250,60 €
Restschuld	2.684,41 €

4 Unsere Hausbank kauft unseren Kundenwechsel über 11.240,00 €, fällig am 13. November, am 20. August
Welchen Barwert schreibt uns die Bank gut bei 6 % Diskont und 15,00 € Einzugsspesen?

a	11.399,23 €
b	11.414,23 €
c	11.080,77 €
d	11.065,77 €
e	anderes Ergebnis, welches?

7 Währungsrechnen

Eine **Währung** ist das Geldsystem eines Staates oder einer Währungsgemeinschaft von Ländern: Zum Beispiel das Euro-währungsgebiet der Europäischen Wirtschafts- und Währungsgemeinschaft (WWU).

Der Umtausch einer Währung in eine andere erfolgt mithilfe des **Wechselkurses**, durch den das Wertverhältnis der Währungen zueinander ausgedrückt wird.

Im Eurowährungsgebiet gibt der Wechselkurs **die Menge fremder Währungseinheiten für 1,00 €** an. Der Kurs zeigt die Menge ausländischer Zahlungsmittel, die für 1,00 € bezahlt werden müssen bzw. die man für 1,00 € erhält **(Mengennotiz)**.[1]

Beispiel Kurs: 1,29   USD/EUR bedeutet: 1,29   USD entsprechen 1,00 EUR
Kurs: 1,2157 CHF/EUR bedeutet: 1,2157 CHF entsprechen 1,00 EUR

Banken handeln den Euro gegen **Sorten und Devisen**. Der Euro ist die „Handelsware", die für ausländische Zahlungsmittel gekauft oder verkauft wird.

Kurstabelle einer Bank[2] **(Sorten und Devisenkurse für 1,00 EUR)**

Land	Währungseinheit		Iso-Code	Sorten Kurse am Bankschalter		Devisen Kurse	
				Geld/ Ankauf	Brief/ Verkauf	Geld/ Ankauf	Brief/ Verkauf
Australien	Dollar	(A-$)	AUD	1,35	1,56	1,4449	1,4609
Dänemark	Krone	(dkr)	DKK	7,11	7,86	7,4358	7,4768
Großbritannien	Pfund	(£)	GBP	0,76	0,83	0,7961	0,8001
Hongkong	Dollar	(HK $)	HKD	9,73	11,42	10,5177	10,5222
Japan	Yen	(Y)	JPY	131,46	145,90	137,6700	138,1500
Kanada	Dollar	(kan $)	CAD	1,40	1,56	1,4669	1,4789
Neuseeland	Dollar	(NZ-$)	NZD	1,29	1,86	1,5644	1,5646
Norwegen	Krone	(nkr)	NOK	7,76	8,76	8,0977	8,1457
Schweden	Krone	(skr)	SEK	8,56	9,71	8,9792	9,0272
Schweiz	Franken	(sfr)	CHF	1,18	1,26	1,2157	1,2197
Südafrika	Rand	(Rd)	ZAR	13,24	15,94	14,5766	14,6104
USA	Dollar	(US-$)	USD	1,29	1,42	1,3512	1,3572
WWU	Euro	(€)	EUR	−	−	−	−

[1] Wechselkurse können als **Mengennotierung** oder als **Preisnotierung** dargestellt werden. Bei der **Preisnotierung** ist der Kurs der Preis in inländischer Währung für 1 oder 100 ausländische Währungseinheiten in € z. B. 100,00 nkr ≙ 12,89 €; 1,00 US-$ ≙ 0,78 €.

[2] Die Wechselkurse unterliegen ständigen Schwankungen. Bitte entnehmen Sie aktuelle Wechselkurse den Kurstabellen der Geldinstitute, der Tagespresse oder dem Internet.

Währungsrechnen

Sorten sind *ausländisches Bargeld:* Banknoten und Münzen.

Als **Devisen** wird *ausländisches Buchgeld (bargeldlose Zahlungen)* bezeichnet: z. B. Zahlungsaufträge an eine Bank, aus dem Ausland eingehende Zahlungen in fremder Währung dem Eurokonto des Empfängers gutzuschreiben bzw. ausländische Zahlungsmittel ins Ausland zulasten des Kundenkontos zu überweisen; Schecks und Wechsel, die auf fremde Währungen ausgestellt sind; in fremder Währung getätigte Kreditkartenzahlungen.

Beim **Wechselkurs** sind **Geldkurs** und **Briefkurs** zu unterscheiden.

Geldkurs: **Ankauf** von Euro durch die Bank.
Der Bankkunde erhält fremde Währungseinheiten für Euro.

Briefkurs: **Verkauf** von Euro durch die Bank.
Der Bankkunde erhält Euro für fremde Währungseinheiten.

Der **Geldkurs/Ankaufskurs** ist der **niedrigere** der beiden Kurse, der **Briefkurs/Verkaufskurs** der **höhere** Kurs. Die Differenz zwischen den Kursen dient der Deckung der Kosten, dem Absichern eventueller Währungsrisiken und dem Gewinn der Bank.

7.1 Währungsrechnen mit Sorten

7.1.1 Geldwechsel von Sorten

Banken wechseln fremde Sorten (Bargeld[1]) zu Schalterkursen (Sortenkurse).

Die Differenz zwischen Geld- und Briefkurs: 0,13 USD (Kosten, Kursrisiko, Gewinn der Bank).

---

1 Münzen werden in der Regel nicht gehandelt.
2 Statt **Geld und Brief** verwenden Banken und Wirtschaftspresse im Sortenhandel auch die Bezeichnungen **Ankauf und Verkauf** in **unterschiedlicher** Bedeutung:
 – aus der Sicht der Bank: **Ankauf = Geld, Verkauf = Brief;**
 – aus der Sicht des Kunden: **Verkauf = Geld, Ankauf = Brief.**

Beispiel 1 Für eine Geschäftsreise in die USA wechselt ein Unternehmen bei einer deutschen Bank 3.600,00 EUR in USD. Wie viel USD erhält das Unternehmen?

Lösung Die Bank kauft 3.600,00 EUR zum *Geldkurs*. Der Kunde erhält USD.

mit Dreisatz

1,00 EUR ≙ 1,29 USD
3.600,00 EUR ≙ x USD

x = 1,29 · 3.600,00 = **4.644,00 USD**

mit Kettensatz

x USD ≙ 3.600,00 EUR
1,00 EUR ≙ 1,29 USD

= 3.600 · 1,29 = x

Beispiel 2 Nach Abschluss der Geschäftsreise werden 980,00 USD in EUR gewechselt.

Lösung Die Bank verkauft EUR zum Briefkurs. Sie erhält vom Kunden 980,00 USD.

mit Dreisatz

1,42 USD ≙ 1,00 EUR
980,00 USD ≙ x EUR

$x = \dfrac{980,00}{1,42} =$ **690,14 EUR**

mit Kettensatz

x EUR ≙ 980,00 USD
1,42 USD ≙ 1,00 EUR

$= \dfrac{980,00}{1,42} = x$

Kurse: siehe Kurstabelle Seite 74

1 Wir wechseln bei unserer Hausbank EUR in fremde Sorten. Wie viel EUR werden unserem Konto belastet?

a) 9.750,00 CHF   b) 7.500,00 USD   c) 7.585,00 ZAR   d) 5.500,00 DKK

2 Wir wechseln bei einer Geschäftsbank fremde Sorten in EUR. Wie viel EUR werden gutgeschrieben?

a) 550,00 USD   b) 475,00 CHF   c) 185,00 NZD   d) 630,00 AUD

3 Wie viel a) USD, b) CHF, c) AUD, d) JPY erhält man für 1.000,00 EUR?

4 Wie viel EUR schreibt die Bank gut für

a) 1.000,00 CHF,   b) 500,00 CAD,   c) 750,00 USD,   d) 620,00 NZD?

5 Ein kanadisches Reisebüro bietet 7-tägige Flugreisen nach Toronto an (Ü/F): Vorsaison 1.790,00 CAD, Hauptsaison 2.390,00 CAD, Nachsaison 1.950,00 CAD. Wie viel EUR sind das?

Währungsrechnen

6 Mit welchem EUR-Betrag wird das Konto eines Direktimporteurs nach dem Geldwechsel belastet?
Prüfen Sie die Sortenabrechnung. (Die Bank berechnet 0,30 EUR Gebühren je angefangene 100,00 EUR Kurswert.)

Währung	Tageskurs	Kurswert in EUR	Gebühr EUR	EUR-Betrag
5.460,00 CHF	1,20	4.550,00	13,80	4.563,80
8.470,00 USD	1,40	6.050,00	18,30	6.068,30
4.440,00 CAD	1,50	2.960,00	9,00	2.969,00
		13.560,00	41,10	13.601,00

7 Wie viel EUR schreibt die Bank dem Girokonto eines Unternehmens für fremde Sorten gut?
Bankgebühren: 0,50 EUR je angefangene 100,00 EUR Kurswert.
Prüfen Sie die Abrechnung.

Fremdwährung	Abrechnungskurs	Kurswert in EUR	Gebühr EUR	Gutschrift in EUR
8.460,00 CHF	1,25	6.768,00	34,00	6.802,00
5.800,00 NOK	8,00	725,00	4,00	729,00
15.165,00 USD	1,35	11.233,33	56,50	11.289,83
		18.726,33	94,50	18.820,83

7.1.2 Errechnen des Kurses

Der von der Bank angewandte Kurs lässt sich aus dem Vergleich der Summen der gegeneinander gewechselten Währungen errechnen.

Beispiel Für 2.556,00 CHF zahlt die Grenzwechselstelle einer deutschen Bank 2.130,00 EUR aus. Zu welchem Briefkurs hat die Bank abgerechnet?

Lösung

mit Dreisatz

2.130,00 EUR ≙ 2.556,00 CHF
1,00 EUR ≙ x CHF

$$x = \frac{2.556,00}{2.130,00} = \underline{1,20 \text{ CHF}}$$

mit Kettensatz

x CHF ≙ 1,00 EUR
2.130,00 EUR ≙ 2.556,00 CHF

$$\frac{2.556,00}{2.130,00} = x$$

1 Errechnen Sie die Geld- bzw. Briefkurse der Bank für folgende Sortengeschäfte:

für	Auszahlung	für	Auszahlung
a) 29.562,72 USD	22.396,00 EUR	c) 8.800,80 EUR	10.912,99 CHF
b) 1.662,96 CHF	1.279,20 EUR	d) 13,20 EUR	17,65 USD

7.2 Währungsrechnen mit Devisen

Der Auslandsverkehr mit Devisen kann mithilfe der Banken bargeldlos abgewickelt werden. Devisenforderungen und -verbindlichkeiten entstehen z. B. bei Import- und Exportgeschäften, bei Inanspruchnahme von ausländischen Dienstleistungen, Kapitalanlagen oder -aufnahmen im Ausland und bei Auslandsreisen.

Der Geldwechsel findet zu **Devisenkursen** statt.

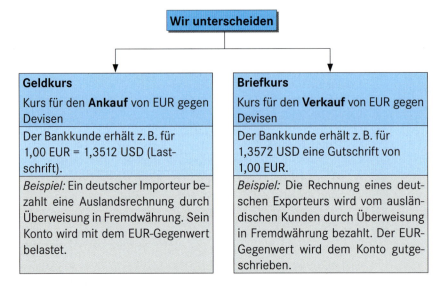

Die Banken berechnen für ihre Tätigkeit **Devisenspesen**[1] (Courtage, Provision und Auslagenersatz).

Beispiel 1 **Überweisung beim Exportgeschäft**

Ein Unternehmen verkauft 350 Fernsehgeräte zu 210,00 CHF je Stück an einen Kunden in Basel. Der Schweizer Importeur bezahlt die Rechnung abzüglich 2 % Skonto bei der Schweizer Bank zugunsten des Kontos des Bremer Unternehmens bei einer Schweizer Bank in Bremen. Über welchen Betrag lautet die Gutschrift, wenn die Bank zu einem Briefkurs von 1,2197 CHF/EUR abrechnet und 1,5 ‰ Inkassoprovision (mindestens 15,00 EUR), 0,25 ‰ Courtage (mindestens 2,00 EUR) und 3,00 EUR Spesen berechnet?

---

[1] Die Spesensätze sind von Bank zu Bank und von Geschäft zu Geschäft unterschiedlich.

Währungsrechnen

Lösung

350 Fernseher zu 210,00 CHF je Stück	73.500,00 CHF
− 2 % Skonto	1.470,00 CHF
Rechnungspreis	72.030,00 CHF
EUR-Gegenwert zum Kurs von 1,2197	59.055,51 EUR
− 1,5 ‰ Inkassoprovision	88,58 EUR
− 0,25 ‰ Courtage	14,76 EUR
− Spesen	3,00 EUR
Gutschrift	58.949,17 EUR

> **Merke: Exporterlös = EUR-Gegenwert − Kosten**
> (Umrechnung zum Briefkurs)

Beispiel 2 Überweisung beim Importgeschäft

Eine Silberwarenfabrik kauft in Hongkong als Handelsware Stahlbestecke im Wert von 67.650,00 HKD. Die Zahlung erfolgt über die Hamburger Importbank zum Geldkurs von 9,8573 HKD/EUR. Die Bank berechnet 2 ‰ Provision (mindestens 10,00 EUR), 0,2 ‰ Courtage (mindestens 2,50 EUR) sowie 12,50 EUR Gebühren und Spesen. Mit welchem Betrag wird das Konto des Unternehmens belastet?

Lösung

Rechnungspreis	67.650,00 HKD
EUR-Gegenwert zum Kurs von 9,8573	6.862,83 EUR
+ 2 ‰ Provision	13,73 EUR
+ 0,2 ‰ Courtage (Mindestcourtage) ..	2,50 EUR
+ Gebühren und Spesen	12,50 EUR
Lastschrift	6.891,56 EUR

> **Merke: Importkosten = EUR-Gegenwert + Kosten**
> (Umrechnung zum Geldkurs)

1 Welche Erlöse werden einem Exporteur gutgeschrieben? (Kurse: siehe Kurstabelle Seite 74)

	Rechnungspreis	Skonto	Provision mind. 12,50 EUR	Courtage mind. 2,00 EUR	Spesen
a)	12.600,00 NOK	2 %	2,5 ‰	0,125 ‰	1,50 EUR
b)	97.200,00 NZD	3 %	2,0 ‰	0,25 ‰	4,00 EUR
c)	9.648,00 CHF	2½ %	⅓ ‰	0,2 ‰	2,20 EUR
d)	3.520,00 USD	1 %	2,5 ‰	⅓ ‰	5,00 EUR

2 Mit welchen Importkosten in EUR wird ein Krefelder Textilimporteur für folgende Lieferungen gegen Dokumente belastet?
(Kurse: siehe Kurstabelle Seite 74)

Rechnungspreis	Skonto	Provision mind. 10,00 EUR	Courtage mind. 3,00 EUR	Spesen
a) 6.715,25 USD	1 %	2,5 ‰	0,25 ‰	15,00 EUR
b) 5.668,46 NZD	2 %	⅓ ‰	0,125 ‰	3,50 EUR
c) 19.636,72 CHF	3 %	2,5 ‰	⅓ ‰	5,00 EUR
d) 880.000,00 JPY	–	2,0 ‰	0,25 ‰	2,50 EUR

3 Ein Hersteller elektrischer Kleingeräte versendet 3 Kisten Haartrockner (Kistenmaße 1,20 x 0,80 x 0,60 m; Gewicht je Kiste 478 kg) auf dem Seeweg nach Melbourne als Beiladung. Die Seefracht beträgt 192,60 AUD je m³ bzw. je 1 000 kg nach Reeders Wahl (d. h., die Reederei legt die für sie günstigere Frachtberechnung zugrunde).

Wie hoch ist die Fracht a) in AUD, b) in EUR? (Kurs: 1,4550 AUD/EUR)

4 Unsere Londoner Versicherung überweist für eine Havarie (Seetransportschaden) 4.226,00 USD an unsere Hausbank, die uns den EUR-Gegenwert zum Tageskurs gutschreibt. Kurs: Geld 1,3000 USD/EUR, Brief 1,3050 USD/EUR.

Über wie viel EUR lautet die Gutschrift?

5 Ein kanadischer Kunde bittet um ein Angebot in kan. Dollars. Unser Angebotspreis beträgt 18.200,00 EUR, die Umrechnung in kan. Dollars erfolgt zum Tageskurs von 1,40 CAD/EUR. Das Geschäft kommt zustande. Nach zwei Monaten geht der Betrag bei unserer Bank ein, die uns den EUR-Gegenwert gutschreibt. Kurse: Geld 1,45 CAD/EUR, Brief 1,56 CAD/EUR.

Wie hoch ist die Kursdifferenz gegenüber dem Angebotspreis in EUR?

8 Kalkulation

8.1 Handelskalkulation

Kalkulieren ist ein Feststellen von Kosten und Preisen. Der kalkulierte Preis soll die Kosten des Unternehmens decken und einen angemessenen Gewinn ermöglichen. Kosten und Gewinn werden den **Kostenträgern** (einzelnen Waren, den Warengruppen oder dem Gesamtsortiment) zugerechnet.

Die **mit der Vorwärtskalkulation errechneten Angebotspreise** müssen nicht mit den **tatsächlichen Marktpreisen** übereinstimmen. Sie können höher oder niedriger sein. Dadurch können höhere Gewinne erzielt werden als kalkuliert wurden, es kann aber auch zu Gewinnschmälerungen oder zur Kostenunterdeckung kommen. Bei **gegebenen Marktpreisen** dient die Kalkulation dem Feststellen der höchstmöglichen Kosten des **Wareneinsatzes (Bezugspreis),** zu denen Kosten- und Gewinndeckung erzielt werden (**Rückwärtskalkulation**). Lassen sich die Marktpreise und die Kosten des Wareneinsatzes durch das Unternehmen nicht beeinflussen, wird mit der Kalkulation festgestellt, ob der Gewinn ausreichend ist, ob die Kosten gedeckt sind (**Differenzkalkulation**).

Beispiel **Kalkulationsschema**

Listeneinkaufspreis	___ €	
− Rabatt	___ €	
Zieleinkaufspreis	___ €	
− Lieferantenskonto	___ €	**Einkaufskalkulation**
Bareinkaufspreis	___ €	(Bezugskalkulation)
+ Einkaufskosten	___ €	
+ Bezugskosten	___ €	
Bezugspreis/Einstandspreis/Wareneinsatz	___ €	**Selbstkosten-**
+ Handlungsgemeinkosten	___ €	**kalkulation**
Selbstkosten	___ €	
+ Gewinn	___ €	
Barverkaufspreis	___ €	
+ Verkaufsprovision (vom Zielpreis)	___ €	**Verkaufskalkulation**
+ Kundenskonto (vom Zielpreis)	___ €	(Angebotskalkulation)
Zielverkaufspreis	___ €	
+ Rabatt	___ €	
Listenverkaufspreis	___ €	

Die Umsatzsteuer ist kein Bestandteil der Kalkulation. Sie ist für das Unternehmen ein kostenneutraler Durchlaufposten, der über die Konten **Vorsteuer** und **Umsatzsteuer** mit dem Finanzamt abgerechnet wird.

In den Ein- und Verkaufsrechnungen wird die Umsatzsteuer gesondert ausgewiesen. Beim Verkauf an den Endverbraucher ist sie im Preis enthalten.

Beispiele

Bezugspreis (netto)	Listenverkaufspreis (netto)
+ Umsatzsteuer (Vorsteuer)	+ Umsatzsteuer
Bruttoeinkaufspreis	Bruttoverkaufspreis

8.1.1 Vorwärtskalkulation

8.1.1.1 Bezugskalkulation

8.1.1.1.1 Errechnen des Einkaufspreises

Der Listeneinkaufspreis ist der Preis, den der Käufer ab Werk oder ab Lager des Verkäufers – **ohne Umsatzsteuer** – zu zahlen hat. Um die tatsächlichen Kosten festzustellen, müssen häufig Gewichts- und Wertabzüge berücksichtigt werden.

> **Gewichtsabzüge vermindern das Bruttogewicht.**

Verpackungsgewicht = Tara

a) **effektive Tara:**
   Das tatsächliche Gewicht der Verpackung wird durch Wiegen festgestellt.

b) **handelsübliche Tara** (Uso-Tara):
   Als Verpackungsgewicht wird das Durchschnittsgewicht einer bestimmten Verpackungsart und -größe angenommen.
   Stücktara: z. B. je Sack 1 kg
   Prozenttara: Tara beträgt z. B. 4 % des Gesamtgewichts (Bruttogewichts).

c) **brutto für netto** (b/n oder b.f.n.):
   Bei dieser Bedingung wird die Verpackung mit der Ware gewogen und als Ware bezahlt (z. B. Früchte in Körben, Pappbehältern und Kartons).

Gutgewicht

Für Gewichtsverluste (durch Schwund, Wiegen, Verderb, Leckage u. Ä.) gewährt der Lieferant eine Gewichtsvergütung. Diese Vergütung wird vom Nettogewicht (Bruttogewicht minus Tara) berechnet. Ebenso können für bruchanfällige Verpackung (Gläser, Flaschen) Bruchgutmengen auf die Nettomenge gewährt werden.

Kalkulation

> **Schema zur Ermittlung des Abrechengewichts**
>
>   Bruttogewicht
> − Verpackungsgewicht/Tara
>   Nettogewicht/Reingewicht
> − Gutgewicht
>   vermindertes Nettogewicht/verm. Reingewicht

Im Kaufvertrag wird das **Abrechengewicht** geregelt. Abrechengewicht können sein: das Bruttogewicht, das Nettogewicht bzw. das verminderte Nettogewicht.

Beispiel 1   **Feststellen des Abrechengewichts**

Eine Rösterei bezieht 50 Sack Kaffee. Das Bruttogewicht beträgt 40 kg je Sack, die Tara 1 kg je Sack. Für Transportverluste werden 2 % Gutgewicht vereinbart.

Wie viel kg beträgt das Abrechengewicht?

Lösung

Bruttogewicht 50 Sack zu je 40 kg	2 000 kg
− Tara 50 Sack zu je 1 kg	50 kg
Nettogewicht	1 950 kg
− Gutgewicht 2 % (vom Nettogewicht)	39 kg
vermindertes Nettogewicht/Abrechengewicht	1 911 kg

1   Stellen Sie das Abrechengewicht fest. (3 Dezimalstellen)

	Bruttogewicht/-menge	Tara	Gutgewicht/-menge
a)	900 kg	9 kg	1 %
b)	15 000 kg	4 %	1,5 %
c)	8 000 l	–	50 l
d)	2 000 Flaschen	–	2 %

> **Wertabzüge vermindern den Einkaufspreis.**

Rabatt

Er wird z. B. als Mengen-, Sonder-, Treue- oder Wiederverkäuferrabatt gewährt.

Skonto

Es ist ein Abzug vom Zieleinkaufspreis bei vorzeitiger Zahlung (z. B. 3 % Skonto bei Zahlung innerhalb von 10 Tagen, danach Zahlung ohne Skontoabzug).

Schema zur Ermittlung des Einkaufspreises

Listeneinkaufspreis
- Rabatt (vom Listeneinkaufspreis)

Zieleinkaufspreis
- Skonto (vom Zieleinkaufspreis)

Bareinkaufspreis

Beispiel 2 **Feststellen des Bareinkaufspreises**

Ein Kaufhaus bezieht für eine Sonderaktion 1 000 Energiesparlampen zu 6 Watt LEOX zu 9,50 € je Stück (empfohlener Verbraucherpreis). Vereinbart sind: Wiederverkäuferrabatt 60 %, Skonto bei Sofortzahlung 3 %, bei Ausnutzung des Zahlungsziels von 30 Tagen ohne Skontoabzug.
Wie viel Euro beträgt der Bareinkaufspreis?

Lösung

Listeneinkaufspreis 1 000 Stück zu 9,50 €	9.500,00 €
− Wiederverkäuferrabatt 60 % (vom Listenpreis)	5.700,00 €
Zieleinkaufspreis	3.800,00 €
− Skonto 3 % (vom Zieleinkaufspreis)	114,00 €
Bareinkaufspreis	3.686,00 €

Beispiel 3 **Abrechengewicht und Bareinkaufspreis**

Eine Bäckereinkaufsgenossenschaft bezieht 4 000 kg Konfitüre zu 3,00 € je kg. Mit dem Lieferanten sind vereinbart: 4 % Tara, 5 % Gutgewicht, 10 % Mengenrabatt und 2 % Skonto. Wie hoch ist der Bareinkaufspreis für 1 kg?

Lösung

Bruttogewicht	4 000 kg		
− Tara 4 %	160 kg		
Nettogewicht	3 840 kg		
− Gutgewicht 5 %	192 kg		
verm. Nettogewicht	3 648 kg		
zu 3,00 € je kg		Listeneinkaufspreis	10.944,00 €
		− 10 % Rabatt	1.094,40 €
		Zieleinkaufspreis	9.849,60 €
		− 2 % Skonto	196,99 €
		für 3 648 kg Bareinkaufspreis	9.652,61 €
		für 1 kg Bareinkaufspreis	2,65 €

Kalkulation

2 Stellen Sie den Einkaufspreis insgesamt und je Mengeneinheit fest.

Bestellung Brutto-gewicht/-menge	Tara	Gutge-wicht	Listenpreis (in €)	Rabatt	Skonto
a) 1 500 kg	–	–	3,60 je kg	4 %	3 %
b) 30 kg	1 kg	250 g	10,10 je kg	–	–
c) 2 500 kg	4 %	2 %	3,50 je kg	5 %	1 %
d) 10,6 t	200 kg	100 kg	810,00 je t	1 %	5 %

3 Ein Hersteller von Fertignahrung bezieht 2 000 Kartons Bananen zu 42,20 € für 50 kg rein netto. Ein Karton wiegt 15 kg brutto, die Verpackung 0,75 kg. Außerdem sind 2 % als Gewichtsverlust (Gutgewicht) zu berücksichtigen. Es werden 4 % Mengenrabatt und 1 % Skonto gewährt.
Wie hoch ist der Bareinkaufspreis insgesamt, je Karton und je kg?

8.1.1.1.2 Errechnen des Bezugspreises

Der Bezugspreis setzt sich zusammen aus dem Einkaufspreis, den Einkaufskosten und den Kosten, die durch den Warenbezug entstehen.

Einkaufskosten[1] sind z. B.:
a) Provision und Kommission (grundsätzlich vom Zieleinkaufspreis berechnet)
b) Bankspesen, Zinsen

Bezugskosten[1] sind z. B.:
a) Fracht (vom Bruttogewicht bzw. frachtpflichtigen Gewicht)
b) Rollgeld
c) Verpackungskosten (bei Rückgabe teilweise Gutschrift)
d) Lagerkosten
e) Umschlagskosten (z. B. Be- und Entladen, Kranstunden)
f) Versicherungsprämien + Versicherungssteuer
g) Zoll (Import)

Einfache Bezugskostenrechnung

Es wird ein Artikel bezogen, der mit allen für seinen Bezug entstandenen Einkaufs- und Bezugskosten belastet wird. Die gesamten Kosten werden dem Einkaufspreis zugeschlagen.

Beispiel Eine Häutegroßhandlung bezieht von einem Schlachthof Rinderhäute, unsortiert, zum Gesamtlistenpreis von 18.000,00 €. Vereinbart sind 5 % Rabatt und 3 % Skonto. Für die Vermittlung des Geschäfts werden 4 % Kommission gezahlt. An Bankspesen fallen 30,00 € an. Transportkosten Fracht 950,00 €, Rollgeld 110,00 €, Versicherungskosten 2 ‰ von 18.000,00 €.
Wie hoch ist der Bezugspreis/Wareneinsatz für die Partie?

---
1 Die Einkaufs- und Bezugskosten sind bereits um die USt gekürzt.

Lösung

Listeneinkaufspreis	18.000,00 €
− Rabatt 5 %	900,00 €
Zieleinkaufspreis	17.100,00 €
− Skonto 3 %	513,00 €
Bareinkaufspreis	16.587,00 €
+ Einkaufskosten	
Kommission 4 % (vom Zielpreis) .... 684,00 €	
Bankspesen .... 30,00 €	714,00 €
+ Bezugskosten	
Fracht .... 950,00 €	
Rollgeld .... 110,00 €	
Versicherung 2 ‰ (v. 18.000,00) .... 36,00 €	1.096,00 €
Bezugspreis/Wareneinsatz/Einstandspreis	**18.397,00 €**

1 Stellen Sie den Bezugspreis je Mengeneinheit fest.

	a)	b)	c)	d)	e)
Liefermenge	2 600 Stück	840 t	7 100 l	40 Kartons	125 Rollen
Listenpreis	2,95 €/St.	172,00 €/t	0,91 €/l	122,00 €/K.	12,80 €/R.
Rabatt	12,5 %	2½ %	−	25 %	60 %
Skonto	3 %	2 %	3 %	4 %	1 %
Provision	8 %	6 %	−	−	4 %
Bankspesen	10,50 €	75,10 €	−	−	−
Verpackung	260,00 €	2.220,00 €	355,00 €	−	−
Fracht	795,00 €	19,10 €/t	430,00 €	295,00 €	−
Rollgeld	84,50 €	1.243,50 €	95,20 €	42,90 €	30,20 €
Versicherung	12,30 €	332,20 €	210,40 €	−	−

2 Eine Maschinenfabrik bezieht ab Werk 15 000 Zahnräder zu 45,00 € je 100 Stück. Vereinbart wurden: Rabatt 2 %, Skonto 3 %. An Bezugskosten sind angefallen: Verpackung 3 Kisten zu 7,10 € je Kiste, Fracht 435,25 €, Rollgeld 61,40 €. Wie hoch ist der Bezugspreis für ein Zahnrad?

3 Für das Lager werden 3 Hygrometer zu 305,00 € je Stück, unfrei, bestellt. Zu berücksichtigen sind: Skonto 3 %, Verpackung 6,30 €, Zustellgebühren 18,90 €. Wie hoch ist der Bezugspreis für einen Hygrometer?

4 Wie hoch ist der Bezugspreis für 1 kg Lack? Brutto 350 kg, Tara 4 %, Gutgewicht 2 %, 6,25 € je kg, Rabatt 1½ %, Skonto 3 %; Bezugskosten: Verpackung 125,00 €, Fracht 264,30 €, Rollgeld 31,10 €, dazu Versicherungsprämie 10,29 € einschließlich Versicherungssteuer.

Zusammengesetzte Bezugskostenrechnung

Werden mehrere Waren gemeinsam bezogen, fallen auch die Bezugskosten **gemeinsam** an. Die Bezugskosten müssen dann auf die einzelnen Positionen entsprechend ihren Kostenanteilen verteilt werden.

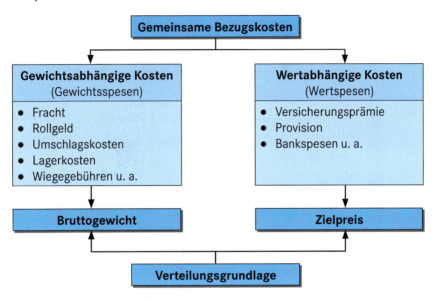

Beispiel Es werden gemeinsam bezogen:

Ware I   brutto 700 kg zu 600,00 € je 100 kg netto, Tara 50 kg;
Ware II brutto 500 kg zu 5,00 € je kg netto, Tara 4 %.

a) Wie hoch sind die Bezugskosten je Rohstoff? Gewichtsspesen 720,00 €, Wertspesen 693,00 €.
b) Wie hoch ist der Bezugspreis je Rohstoff insgesamt und je kg?

Lösung
zu a) Gewichtsspesenverteilung   Wertspesenverteilung

Ware I   700 kg = 7 Teile = 420,00 €   Ware I   3.900,00 € = 429,00 €
Ware II 500 kg = 5 Teile = 300,00 €   Ware II 2.400,00 € = 264,00 €
         1 200 kg = 12 Teile = 720,00 €   6.300,00 € = 693,00 €
                    1 Teil = 60,00 €   1,00 € =   0,11 €

zu b)

	Ware I	Ware II
Einkaufspreis	3.900,00 €	2.400,00 €
Gewichtsspesen	420,00 €	300,00 €
Wertspesen	429,00 €	264,00 €
Bezugspreis insgesamt	4.749,00 € (: 650 kg)	2.964,00 € (: 480 kg)
Bezugspreis je kg	7,31 €	6,18 €

Handelskalkulation

1 Errechnen Sie die anteiligen Bezugskosten und die Bezugspreise insgesamt und je Längeneinheit.

Menge	6 000 m	10 000 m
Preis	12,50 € je m	6,30 € je m

Gewichtsspesen 2.840,00 €; Wertspesen 8.556,00 €.

2 Wie hoch sind die anteiligen Bezugskosten und die Bezugspreise insgesamt und je Mengeneinheit?

	Ware I	Ware II
Menge	1 100 t brutto	2 200 t brutto
Preis	120,00 € je t netto	160,00 € je t netto
Tara	100 t	200 t

Gewichtsspesen 51.150,00 €; Wertspesen 59.180,00 €.

3 Wie hoch ist der Bezugspreis für 1 kg?

Preis	9,80 € je kg netto	4,00 € je kg netto
brutto	4 000 kg	6 000 kg
Tara	5 %	2 %
Rabatt	4 %	5 %
Skonto	3 %	2 %

Gewichtsspesen 1.200,00 €; Wertspesen 11.618,88 €.
Die Wertspesen sind aufgrund der Zieleinkaufspreise zu verteilen.

4 Stellen Sie den Bezugspreis für 1 l fest.

	Artikel I	Artikel II	Artikel III
Preis	1,00 € je l	3,00 € je l	6,00 € je l
Menge	18 000 l	4 000 l	5 000 l
Rabatt	10 %	–	5 %
Skonto	2 %	3 %	3 %

Spesen:
Fracht 3.250,00 €, Rollgeld 750,00 €, Umschlagskosten 1.000,00 €, Lagerkosten 400,00 €, Zoll 5.000,00 €, Bankspesen 505,00 €, Versicherung 500,00 €, Provision 2.500,00 €. (Wertspesen auf den Zielpreis verteilen.)

5 Ein Unternehmen bezieht eine Waggonladung Fliesen:
Industriefliesen, gelb, II. Wahl, 40 000 Stück zu 45,00 € je 100 Stück; Mosaikbodenfliesen, 5 000 Stück zu 1,60 € je Stück und Fassadenfliesen, 6 000 Stück zu 1,00 € je Stück.
An Kosten sind entstanden: Fracht ab Werk 709,00 €, Zustellung auf Tieflader 124,00 €, Entladekosten 92,00 €, Wagenstandgeld 48,00 €; Transportversicherung 129,00 €, kleine Wertspesen 39,00 €.
Die Bruttogewichte der Fliesensorten betragen: Industriefliesen 6 t, Mosaikfliesen 3 t und Fassadenfliesen 1,5 t. An Skonto wurden 2½ % vereinbart.
Wie hoch ist der Bezugspreis insgesamt, je Sorte und je Fliese?

8.1.1.2 Errechnen der Selbstkosten

Zum Errechnen der Selbstkosten werden dem Bezugspreis die **Handlungsgemeinkosten = allgemeine Geschäftskosten** zugeschlagen.

Sie entstehen durch die Verwaltung, die Lagerung, den Einkauf und den Verkauf der Waren. Die Handlungsgemeinkosten lassen sich im Gegensatz zu den Einzelkosten (z. B. Bezugskosten) den einzelnen Waren **nicht direkt** zurechnen, sondern fallen für alle Waren, die zum Sortiment des Unternehmens gehören, **gemeinsam** an.

Handlungsgemeinkosten oder Geschäftskosten sind grundsätzlich die Kostenarten (z. B. Personalkosten, Miete und Raumkosten, Steuern und Abgaben, Werbungs- und Reisekosten, Kosten des Fuhrparks, allgemeine Verwaltungskosten (AVK), Abschreibungen).

Die Geschäftskosten können auch nach Kostenstellen erfasst werden (z. B. Geschäftsleitung, Verwaltung, Einkauf, Lager, Verkauf, Fuhrpark).

Zur Ermittlung der Selbstkosten werden die Geschäftskosten anteilsmäßig auf alle Waren des Sortiments **aufgeteilt (aufgeschlüsselt)**, die in einem bestimmten Zeitraum (z. B. Monat, Geschäftsjahr, Saison) verkauft werden.

Der Handlungsgemeinkostensatz ist ein Prozentsatz des Bezugspreises, des Wareneinsatzes/des Einstandspreises (Bezugspreis = 100 %).

Lösungsschema

	Bezugspreis/Wareneinsatz/Einstandspreis	_____ € ≙ 100 %
+	____ % Handlungsgemeinkosten	_____ €
	Selbstkosten	_____ €

Der einmal errechnete Zuschlagssatz muss laufend durch die Kostenrechnung kontrolliert werden, um Kostenentwicklungen und die Kostendeckung zu überwachen.

Beispiel 1 **Ermitteln des Handlungsgemeinkostensatzes und der Selbstkosten**

In der Betriebsergebnisrechnung des letzten Geschäftsjahres werden ausgewiesen:
- Wareneinsatz   2.600.000,00 €
- Gemeinkosten   520.000,00 €

a) Wie viel Prozent beträgt der Zuschlagssatz für die Handlungsgemeinkosten?
b) Wie hoch sind die Selbstkosten insgesamt und für 1 kg, wenn der Bezugspreis für 1 500 kg 2.822,00 € beträgt?

Lösung
zu a) Wareneinsatz   2.600.000,00 € ≙ 100 %
          Handlungsgemeinkosten   520.000,00 € ≙ x %

mit Dreisatz

2.600.000,00 € ≙ 100 %
520.000,00 € ≙ x %

$$x = \frac{100 \cdot 520.000,00}{2.600.000,00} = \underline{\underline{20\ \%}}$$

mit Kettensatz

x % ≙ 520.000,00 €
2.600.000,00 € ≙ 100 %

$$\frac{520.000,00 \cdot 100}{2.600.000,00} = x$$

Die Handlungsgemeinkosten betragen 20 % des gesamten Wareneinsatzes des Rechnungszeitraumes.

$$\text{Handlungsgemeinkostensatz in \%} = \frac{\text{Handlungsgemeinkosten} \cdot 100}{\text{Wareneinsatz}}$$

zu b)
Bezugspreis	2.822,00 €
+ 20 % Handlungsgemeinkosten	564,40 €
Selbstkosten für 1 500 kg	3.386,40 €
Selbstkosten für 1 kg	2,26 €

1 Errechnen Sie die neuen Zuschlagssätze der Handlungsgemeinkosten.

	Alter Zuschlagssatz	Wareneinsatz (Bezugspreis)	Handlungsgemeinkosten	Neuer Zuschlagssatz
a)	24,5 %	8.980.500,00 €	2.451.676,50 €	?
b)	16,9 %	3.775.325,00 €	679.558,50 €	?
c)	33,4 %	1.360.140,00 €	471.968,58 €	?

Nennen Sie Gründe für das Ansteigen/Absinken der Handlungskostensätze.

2 Errechnen Sie die Selbstkosten für die gesamte Sendung und für eine Einheit.

	Menge	Listenpreis	Rabatt	Skonto	Bezugskosten	Handlungsgemeinkosten
a)	200 St.	35,00 € je St.	10 %	3 %	280,00 €	18 %
b)	3 850 kg	7,85 € je kg	5 %	–	4,5 %	12½ %
c)	3 200 t	145,80 € je t	25 %	2 %	28,50 € je t	20 %

Beispiel 2 Kostenerfassung nach Kostenarten

Die Elektrohandlung Krüger OHG bezieht 50 Leuchten mit Bewegungsmelder zum Bezugspreis von 40,00 € je Stück.

a) Ermitteln Sie den Zuschlagssatz für die Gemeinkosten aus den Kosten der Betriebsergebnisrechnung des vergangenen Geschäftsjahres.

b) Wie hoch sind die Selbstkosten für die gesamte Sendung und für eine Leuchte?

Kalkulation

Kostenarten der Betriebsergebnisrechnung:

Wareneinsatz		8.500.000,00 €
kalkulatorische Zinsen	52.000,00 €	
Personalkosten	600.000,00 €	
Mieten	234.000,00 €	
Betriebssteuern, Versicherungen	279.000,00 €	
Werbe- und Reisekosten	326.000,00 €	
AVK	247.000,00 €	
kalkulatorische Abschreibungen	132.000,00 €	1.870.000,00 €

Lösung zu a) Der Bezugspreis der verkauften Waren (Umsatz zu Einstandspreisen, Wareneinsatz) von 8.500.000,00 € $\triangleq$ 100 %.

Ermittelt werden muss der Prozentsatz der Handlungsgemeinkosten von 1.870.000,00 €.

mit Dreisatz

8.500.000,00 € $\triangleq$ 100 %
1.870.000,00 € $\triangleq$ x %

$$x = \frac{100 \cdot 1.870.000,00}{8.500.000,00} = \underline{\underline{22\,\%}}$$

mit Kettensatz

x % $\triangleq$ 1.870.000,00 €
8.500.000,00 € $\triangleq$ 100 %

$$\frac{1.870.000,00 \cdot 100}{8.500.000,00} = x$$

zu b)

		50 Leuchten	1 Leuchte
	Bezugspreis .... =	2.000,00 €	40,00 €
+	22 % Handlungskosten .... =	440,00 €	8,80 €
	Selbstkosten .... =	2.440,00 €	48,80 €

3 Errechnen Sie den Zuschlagssatz für die Handlungsgemeinkosten:

Kosten	a)	b)
Wareneinsatz	21.250.000,00 €	14.500.000,00 €
kalkulatorische Zinsen	137.000,00 €	92.000,00 €
kalkulatorische Wagnisse	23.000,00 €	45.000,00 €
Personalkosten	2.800.000,00 €	1.600.000,00 €
soziale Aufwendungen	1.400.000,00 €	896.000,00 €
Mieten/Pachten/Leasing	274.000,00 €	226.000,00 €
Betriebssteuern	150.000,00 €	111.000,00 €
Werbe- und Reisekosten	300.000,00 €	100.000,00 €
AVK	325.000,00 €	226.000,00 €
kalkulatorische Abschreibungen ...	211.000,00 €	114.000,00 €
kalkulatorischer Unternehmerlohn ..	180.000,00 €	150.000,00 €

Beispiel 3 **Kostenerfassung nach Kostenstellen**

Die Kostenstellen eines Handelsbetriebes weisen folgende Summen aus:

Kostenstellen	Handlungsgemeinkosten
Geschäftsleitung und Verwaltung	127.300,00 €
Einkauf	64.500,00 €
Lager	82.000,00 €
Verkauf und Fuhrpark	362.200,00 €
Summe der Gemeinkosten	636.000,00 €

Wie viel Prozent beträgt der Zuschlagssatz für die Handlungsgemeinkosten bei einem Wareneinsatz von 3.180.000,00 €?

Lösung Der Wareneinsatz von 3.180.000,00 € ≙ 100 %.
Ermittelt werden muss der Prozentsatz der Handlungskosten von 636.000,00 €.

mit Dreisatz

3.180.000,00 € ≙ 100 %
636.000,00 € ≙ x %

$$x = \frac{100 \cdot 636.000,00}{3.180.000,00} = \underline{\underline{20\,\%}}$$

mit Kettensatz

x % ≙ 636.000,00 €
3.180.000,00 € ≙ 100 %

$$\frac{636.000,00 \cdot 100}{3.180.000,00} = x$$

4 Ermitteln Sie die Zuschlagssätze aus dem Wareneinsatz und den Kosten der Kostenstellen aus den Werten der letzten Rechnungsperiode. – Stellen Sie die Selbstkosten insgesamt und für eine Einheit fest.

Kosten der Kostenstellen \ Wareneinsatz in €	a)	b)	c)	d)
	2.005.000,00	22.100.000,00	3.590.000,00	18.959.259,25
Hausverwaltung	4.900,00		12.800,00	70.300,00
Geschäftsleitung	18.600,00	615.000,00	18.700,00	219.700,00
Buchhaltung	33.550,00		44.200,00	65.000,00
Einkauf	79.150,00	624.000,00	73.600,00	340.200,00
Lager	140.000,00	1.316.000,00	142.000,00	1.220.000,00
Vertrieb	210.000,00	2.970.000,00	164.900,00	1.460.000,00
Fuhrpark	182.300,00		154.100,00	720.000,00
Bezugspreis	500 St. zu 3,60 € je St.	440 t zu 368,00 € je t	2 860 m zu 78,20 € je m	850 m³ zu 188,00 € je m³

5 Die Lederwarengroßhandlung Feder bezieht für ihre Verkaufsfilialen 500 Damenhandtaschen, Modell P 203, blau, aus Offenbach zum Stückpreis von 48,00 €.
Einkaufsbedingungen: Mengenrabatt 30 %; Skonto 2½ %;
Bezugskosten 240,00 €; Handlungskosten 20 %.
Errechnen Sie die Selbstkosten insgesamt und je Stück.

6 Die Baustoff- und Düngemittelhandlung Kreidet & Haber bezieht 5 000 Ballen Pflanztorf zum Listenpreis von 16,00 € je Ballen. Einkaufsbedingungen: Mengenrabatt 17,5 %, Einkaufsskonto 2½ %, Bezugskosten 157,80 € je 100 Ballen.

Der Zuschlagssatz für die Geschäftskosten ist aus den Kosten der Kostenstellen der vergangenen Rechnungsperiode zu ermitteln: Verwaltung und Einkauf 126.000,00 €, Lager 1.248.000,00 €, Verkauf und Fuhrpark 2.416.000,00 €. Der Wareneinsatz betrug 18.950.000,00 €.

Errechnen Sie die Selbstkosten je Ballen.

7 Die Farbenhandlung Osterloh & Bremer kauft 6 000 Kilodosen Holzschutzmittel zu 5,30 € je kg.

Errechnen Sie die Selbstkosten für eine Dose.

(Einkaufsbedingungen: Mengenrabatt 35 %; Skonto 2½ %; Bezugskosten 0,78 € je kg)

Wareneinsatz	6.800.000,00 €
kalkulatorische Zinsen	54.000,00 €
Personalkosten	355.000,00 €
Mieten/Pachten/Leasing	250.000,00 €
Betriebssteuern	123.000,00 €
Werbekosten	185.000,00 €
AVK	98.000,00 €
kalkulatorische Abschreibungen	80.000,00 €

8 Der Wareneinsatz und die Handlungsgemeinkosten des Elektronikfachmarkts Johann Stolle zeigen für die letzten Jahre folgende Entwicklung:

in €	1. Jahr	2. Jahr	3. Jahr	4. Jahr
Umsatz zu Einstandspreisen	2.540.000,00	2.921.000,00	3.067.000,00	2.790.000,00
Handlungskosten	546.100,00	611.300,00	671.500,00	706.700,00
Zuschlagssatz	?	?	?	?

a) Errechnen Sie die Zuschlagssätze der Handlungsgemeinkosten für jedes Jahr (auf eine Stelle genau). – Welche Ursachen haben die Schwankungen?
b) Errechnen Sie den durchschnittlichen Zuschlagssatz für die 4 Jahre.

8.1.1.3 Ermitteln des Angebotspreises

Den Selbstkosten sind Gewinn, Verkaufsskonto, Verkaufsprovision und Verkaufsrabatt hinzuzurechnen. Dieser Preis ist der **kalkulierte Angebotspreis**, der die gesamten Kosten und einen entsprechenden Gewinn decken soll.

Lösungsschema

Selbstkosten	Selbstkosten	Selbstkosten	Selbstkosten
+ Gewinn	+ Gewinn	+ Gewinn	+ Gewinn
Barverkaufspr.	Barverkaufspr.	Barverkaufspr.	Barverkaufspr.
	+ Verkaufsskonto	+ Verkaufsskonto	+ Verkaufsskonto
	Zielverkaufspr.	Zielverkaufspr.	+ Vertreterprov.
		+ Verkaufsrabatt	Zielverkaufspr.
		Listenverk'pr.	+ Verkaufsrabatt
			Listenverk'pr.

8.1.1.3.1 Ermitteln des Gewinnzuschlagssatzes

Der **kalkulatorische Gewinn** als Bestandteil des kalkulatorischen Angebotspreises besteht aus dem **Unternehmerlohn** und der **Eigenkapitalverzinsung** – soweit sie nicht als kalkulatorische Kosten in den Selbstkosten verrechnet worden sind – und der **Risikoprämie**.

Der Unternehmerlohn ist das Entgelt für die persönliche Arbeitsleistung des Unternehmers. Wird der Unternehmerlohn nicht in den kalkulatorischen Kosten verrechnet, dann ist er Bestandteil des Gewinnzuschlages.

Die Kapitalverzinsung ist die Verzinsung des Eigenkapitals zum geschäftsüblichen Zinssatz. Wird die Eigenkapitalverzinsung in den kalkulatorischen Zinsen **nicht** verrechnet, ist auch sie Bestandteil des Gewinnzuschlages.

Die Risikoprämie bezieht sich auf das Eigenkapital, das bei der Anlage in einem Unternehmen einem größeren Risiko ausgesetzt ist als in Form eines Bankguthabens, von Pfandbriefen, Hypotheken u. a. Die Höhe des Kapitalrisikos hängt von der Branche und von der Art der Geschäfte ab. Berechnungsgrundlage für die Risikoprämie ist grundsätzlich das Eigenkapital.

Der kalkulatorische Gewinn wird in der Kalkulation als Zuschlag eingesetzt. Berechnungsgrundlage für den Gewinnzuschlag sind die gesamten Selbstkosten des Rechnungszeitraumes.

Beispiel 1 — **Ermitteln des kalkulatorischen Gewinnzuschlagssatzes**

Ein Unternehmen hat ein Eigenkapital von 600.000,00 €, das zu 8 % verzinst werden soll. Als Risikoprämie werden 2 %, als Unternehmerlohn 72.000,00 € (im Jahr) verrechnet. Die Selbstkosten des letzten Geschäftsjahres betrugen 2.640.000,00 €. – Wie hoch ist der Gewinnzuschlagssatz?

Lösung: Feststellen des beabsichtigten Gesamtgewinns

Eigenkapitalverzinsung	8 % von 600.000,00 €	48.000,00 €
Risikoprämie	2 % von 600.000,00 €	12.000,00 €
Unternehmerlohn		72.000,00 €
	kalkulatorischer Gesamtgewinn	132.000,00 €

Feststellen des Gewinnzuschlagssatzes

Selbstkosten des Geschäftsjahres .... 2.640.000,00 €
kalkulatorischer Gewinn im Jahr .... 132.000,00 €

$$\begin{array}{rl} x \ \% & \widehat{=} \ 132.000,00 \ € \\ 2.640.000,00 \ € & \widehat{=} \ 100 \ \% \end{array}$$

$$x = \frac{132.000,00 \cdot 100}{2.640.000,00} = \underline{5 \ \% \ \text{Gewinnzuschlag}}$$

Beispiel 2: Feststellen des kalkulatorischen Angebotspreises

Die Selbstkosten der Stahlkonstruktion für ein Glasdach betragen 8.540,00 €, der Gewinnzuschlag 5 %. Wie hoch ist der Angebotspreis?

Lösung

Selbstkosten	8.540,00 €
+ kalkulatorischer Gewinn 5 %	427,00 €
kalkulatorischer Angebotspreis	8.967,00 €

Ob der kalkulatorische Angebotspreis und damit der kalkulatorische Gewinn erzielt werden kann, ist eine Frage der Marktverhältnisse. Lässt es der Markt zu, wird der Preis erhöht; im anderen Fall wird der kalkulierte Preis heruntergesetzt und teilweise bzw. ganz auf den Gewinn bei diesem Artikel verzichtet. Es kann auch vorkommen, dass durch den Verkaufserlös die Selbstkosten nicht gedeckt sind.

1 Stellen Sie den Zuschlagssatz für den kalkulatorischen Gewinn fest.

Eigenkapital in €	Kapitalzinssatz	Risikoprämie	Unternehmerlohn in €	kalkulat. Gewinn in €	kalkulat. Gewinn in %	Selbstkosten in €
a) 2.000.000,00	10 %	1,5 %	120.000,00	?	?	16.000.000,00
b) 1.200.000,00	16 %	2 %	96.000,00	?	?	5.000.000,00
c) 750.000,00	12 %	1 %	72.000,00 48.000,00	?	?	8.000.000,00

2 Errechnen Sie die kalkulatorischen Angebotspreise.

Selbstkosten	kalkulatorischer Gewinn			insgesamt	Angebots-preise
	Unterneh-merlohn	Kapitalver-zinsung	Risiko-prämie		
a) 10.600,00 €	0,5 %	0,3 %	0,1 %	?	?
b) 4,50 €	1,1 %	0,8 %	0,2 %	?	?
c) 22,30 €	0,75 %	0,1 %	0,05 %	?	?

3 Ein Unternehmen kalkuliert auf die Selbstkosten des Lohnstundensatzes von 36,30 € 3,8 % für Kapitalverzinsung und Wagnisse.

Wie viel Euro beträgt der Lohnstundensatz, der dem Kunden berechnet wird?

4 Für 100,00 € Selbstkosten werden berechnet:
Unternehmerlohn 2,90 €
Kapitalverzinsung 0,80 €
Produkt- und Forderungswagnis 0,60 €

Wie viel Euro beträgt der kalkulatorische Angebotspreis bei einem Auftrag von 25.000,00 € Selbstkosten?

8.1.1.3.2 Errechnen des Listenverkaufspreises

Beispiel 1 **Listenverkaufspreis ohne Provision**

Die Selbstkosten für Verpackungsmaterial betragen für 40 000 m Folie 84.000,00 €. Das Angebot an einen Kunden wird mit 10 % Gewinn, 3 % Verkaufsskonto und 20 % Mengenrabatt kalkuliert.

Wie hoch ist der Angebotspreis insgesamt und für 1 m Folie?

Lösung

	Selbstkosten	84.000,00 € = 100 %	
	+ 10 % Gewinn	8.400,00 € = 10 %	②
①	Barverkaufspreis	92.400,00 € = 110 %	97 %
	+ 3 % V-Skonto	2.857,73 € =	③ 3 %
	Zielverkaufspreis	95.257,73 € = 80 %	100 %
	+ 20 % Mengenrabatt	23.814,43 € = 20 %	④
	Listenverkaufspreis	119.072,16 € = 100 %	
	1 m	2,98 € ⑤	

Lösungsweg
① Kalkulationsschema aufstellen
② Errechnen des Barverkaufspreises für 40 000 m (Selbstkosten ≙ 100 %)
   x € ≙ 10 %
   100 % ≙ 84.000,00 €   x = 8.400,00 €

Kalkulation 97

Lösungsweg ③ **Errechnen des Zielverkaufspreises**

Skonto wird vom Zielpreis ≙ 100 % berechnet. Der gegebene Barverkaufspreis ist der um den Skontobetrag *verminderte* Wert (hier 97 %).

x € ≙ 3 %
97 % ≙ 92.400,00 €   x = 2.857,73 €

Der Zielverkaufspreis wird durch Addition errechnet.

④ **Errechnen des Listenverkaufspreises**

Der Kundenrabatt wird vom Listenverkaufspreis ≙ 100 % berechnet. Der gegebene Zielverkaufspreis ist der um den Rabattbetrag verminderte Wert (hier 80 %).

x € ≙ 20 %
80 % ≙ 95.257,73 €   x = 23.814,43 €

⑤ **Errechnen des Preises für 1 m**   119.072,16 € : 40 000 m = 2,98 €

1 Errechnen Sie die Angebotspreise insgesamt und für eine Einheit.

	Menge	Selbstkosten	Gewinn	Verkaufsskonto	Verkaufsrabatt
a)	5 000 m	4.500,00 €	5 %	1 %	20 %
b)	8,5 t	170.000,00 €	20 %	3 %	12,5 %
c)	12 500 kg	27.500,00 €	3 %	2 %	15 %

Beispiel 2 **Listenverkaufspreis mit Vertreterprovision + Skonto**

Der Barverkaufspreis einer Ware beträgt 11,55 €.

Wie hoch ist der Listenverkaufspreis, wenn 20 % Vertreterprovision, 3 % Skonto und 40 % Rabatt kalkuliert werden?

Die Vertreterprovision wird grundsätzlich vom Zielverkaufspreis berechnet, wenn der Vertrag mit dem Vertreter nichts anderes vorsieht. Sie gehört zu den Sondereinzelkosten des Vertriebs.

Lösung
	Barverkaufspreis	11,55 €	77 %		
+	3 % Skonto	0,45 €	3 %	①	
+	20 % Vertreterprovision	3,00 €	20 %		
	Zielverkaufspreis	15,00 €	100 %		60 %
+	40 % Rabatt	10,00 €		②	40 %
	Listenverkaufspreis	25,00 €			100 %

Lösungsweg ① Provision und Skonto werden vom Zielverkaufspreis ≙ 100 % ermittelt. Der Barverkaufspreis beträgt nach Abzug von Provision und Skonto 77 %.

Errechnen der Vertreterprovision   **Errechnen des Skontobetrages**

x € ≙ 20 %   x € ≙ 3 %
77 % ≙ 11,55 €   x = 3,00 €   77 % ≙ 11,55 €   x = 0,45 €

② Der Rabatt wird wie bisher kalkuliert.

2 Kalkulieren Sie die Listenverkaufspreise.

Barverkaufspreis	Provision	Skonto	Rabatt
a) 98,77 €	15 %	2 %	15 %
b) 1,70 €	12 %	3 %	–
c) 12.240,00 €	2,5 %	–	25 %

8.1.1.4 Übungen

Beispiel Ein Elektromarkt kauft für ein Aktionsangebot 2 000 Kaffeemühlen mit Mahlwerk zu 8,00 € je Stück ein (Mengenrabatt 6 %, Einkaufsskonto 2 %, Einkaufsprovision 4,9 % vom Zielpreis). Bezugskosten: Fracht 633,84 €, Rollgeld 140,00 €.
Der Händler kalkuliert mit 20 % Gemeinkosten, 10 % Gewinn, 7,5 % Verkaufsprovision, 2,5 % Verkaufsskonto und 32 % Höchstmengenrabatt.

a) Errechnen Sie den Listenverkaufspreis für eine Kaffeemühle.
b) Wie hoch ist der Bruttoverkaufspreis für eine Kaffeemühle (USt: 19 %)?

Lösung zu a)

Listeneinkaufspreis			
2 000 Stück zu je 8,00 €	16.000,00 €	≙	100 %
– 6 % Mengenrabatt	960,00 €	≙	6 %
Zieleinkaufspreis	15.040,00 €	≙	94 % → 100 %
– 2 % Einkaufsskonto	300,80 €	≙	2 %
Bareinkaufspreis	14.739,20 €	≙	98 %
+ 4,9 % Einkaufsprovision			
(von Zieleinkaufspreis 15.040,00 €)	736,96 €		
+ Bezugskosten:			
Fracht 633,84 €			
Rollgeld 140,00 €	773,84 €		
Bezugspreis (Preis frei Lager)/Wareneinsatz	16.250,00 €	≙	100 %
+ 20 % Handlungsgemeinkosten	3.250,00 €	≙	20 %
Selbstkosten	19.500,00 €	≙	120 % → 100 %
+ 10 % Gewinn	1.950,00 €	≙	10 %
Barverkaufspreis	21.450,00 €	≙	90 % 110 %
+ 7,5 % Verkaufsprovision (vom Zielverkaufspreis)	1.787,50 €	≙	7,5 %
+ 2,5 % Verkaufsskonto	595,83 €	≙	2,5 %
Zielverkaufspreis	23.833,33 €	≙	100 % → 68 %
+ 32 % Höchstmengenrabatt	11.215,68 €	≙	32 %
Listenverkaufspreis für 2 000 Stück	35.049,01 €	≙	100 %
Listenverkaufspreis für 1 Stück	17,52 €	≙	(35.049,01 : 2 000)

Kalkulation

zu b)

Listenverkaufspreis für 1 Stück	17,52 €
+ 19 % USt	3,33 €
Bruttoverkaufspreis für 1 Kaffeemühle	20,85 €

Lösungshinweis
① gesamtes Kalkulationsschema aufstellen
② schrittweise ausrechnen

1 Ermitteln Sie a) die Angebotspreise ab Lager insgesamt und b) die Bruttorechnungspreise für eine Einheit.

	Menge	Listeneinkaufspreis	Einkaufsrabatt	Einkaufsskonto	Bezugskosten in €	
a)	550 kg	4,20 € je kg	12 %	2 %	0,42 € je kg	
b)	27 m³	83,50 € je m³	5 %	1 %	Fracht: 290,00 € Rollgeld: 7,00 € je m³	
c)	540 hl	0,20 € je l	–	3 %	96,50 €	

	Handlungsgemeinkosten	Gewinn	Verkaufsprovision	Verkaufsskonto	Mengenrabatt	USt
a)	12,5 %	3 %	9 %	1 %	12 %	7 %
b)	16,1 %	4 %	15 %	1 %	6 %	19 %
c)	22,3 %	15 %	–	2 %	–	19 %

2 Ein Bau- und Handwerkermarkt bezieht vor der angekündigten Werbeaktion des Herstellers 1 500 Teppichkehrmaschinen zu 10,15 € je Stück.

(Mengenrabatt 5 %, Einkaufsskonto 3 %, Einkaufsprovision 12 %, Fracht 978,00 €, Versicherung 39,00 €, Rollgeld 64,00 €, Verpackung 1.050,00 €, Handlungsgemeinkosten 12,5 %, Gewinn 4,5 %)

Wie hoch ist der Ladenverkaufspreis je Stück? (USt: 19 %)

3 Der Bezugspreis für ¼-kg-Packung einer ausländischen Spezialität beträgt 8,00 €, für eine ½-kg-Packung 15,00 €. Zu welchem Listenverkaufspreis kann die Lebensmittelgroßhandlung das Erzeugnis anbieten? (Handlungsgemeinkosten 22 %, Gewinn 12,5 %, Verkaufsskonto 3 %, Wiederverkäuferrabatt 50 %.)

4 Die Schuhabteilung eines Kaufhauses bietet ein Spezialputzmittel für Chrom-Lederschuhe an.

Zieleinkaufspreis 1,00 €, Skonto 3 %, Bezugskosten 4 %, Handlungskosten 11,5 %, Gewinn 25 %.

Wie hoch ist der Endverbraucherpreis? (USt: 19 %)

5 Wie hoch ist der Angebotspreis für einen Staubsauger?

Einkaufspreis 112,00 €, Einkaufsskonto 3 %, Einkaufsprovision 12 % vom Zielpreis, Lieferung frei Haus, Handlungsgemeinkosten 22,5 %, Gewinn 7 %, Verkaufsprovision 10 %, Verkaufsskonto 2½ %.

6 Ein Sternschlagmesser als Ersatzteil für einen Handmixer wird für 10 Stück kalkuliert: Selbstkosten 6,50 €, Gewinn 11,70 €, Garantiezuschlag 2 % auf die Selbstkosten, Verkaufsskonto 3 %, Verkaufsrabatt 40 %.

a) Kalkulieren Sie den Wiederverkäuferpreis insgesamt und je Stück.
b) Ermitteln Sie den Prozentsatz für den Gewinnzuschlag.

7 Ein Installationsunternehmen liefert auch das Gas-Brennwertgerät für eine Heizungsanlage.

Einkaufspreis 5.650,00 €, Einkaufsskonto 1 %, Fracht und Rollgeld 114,50 €, Handlungsgemeinkosten 11 %, Gewinn 8 %, Verkaufsskonto 1 %.

Wie hoch sind
a) der Angebotspreis des Gas-Brennwertgerätes?
b) der Angebotspreis der Montage? (Selbstkosten 1.240,00 €, Gewinn 12,5 %)
c) der Rechnungsbetrag einschließlich 19 % USt?

8.1.1.5 Vereinfachung der Angebotskalkulation Kalkulationszuschlag und Kalkulationsfaktor

Bei gleich bleibenden Zuschlagssätzen kann die Kalkulation wesentlich vereinfacht werden. Die einzelnen Zuschläge (z. B. Handlungskosten, Gewinn, Vertreterprovision, Skonto, Rabatt und im Einzelhandel die Umsatzsteuer) werden in einem Gesamtzuschlagssatz zusammengefasst, mit dessen Hilfe der Verkaufspreis festgestellt wird.

Der **Kalkulationszuschlag** ist die Differenz zwischen Bezugs- und Angebotspreis, ausgedrückt in Prozent vom **Bezugspreis** (≙ 100 %).

> Ist der Bezugspreis **nicht** bekannt, wird er ≙ 100 gesetzt.

Beispiel 1 **Kalkulationszuschlagssatz**

Ein Unternehmen kalkuliert mit 20 % Handlungsgemeinkosten, 10 % Gewinn und 2 % Skonto.

Wie hoch ist der Kalkulationszuschlagssatz
a) bei unbekanntem Bezugspreis?
b) bei einem Bezugspreis von 45,00 €?

Kalkulation

Lösung	Bezugspreis	a) 100,00 €	b) 45,00 €
	+ Handlungsgemeinkosten 20 %	20,00 €	9,00 €
	Selbstkosten	120,00 €	54,00 €
	+ Gewinn 10 %	12,00 €	5,40 €
	Barverkaufspreis	132,00 €	59,40 €
	+ Skonto 2 %	2,69 €	1,21 €
	Zielverkaufspreis	134,69 €	60,61 €
	Kalkulationszuschlag	34,69 €	15,61 €
	Kalkulationszuschlagssatz:	34,69 %	34,69 %

zu a)

$$x\% \mathrel{\hat=} 34{,}69\ €$$
$$100{,}00\ € \mathrel{\hat=} 100\ \%$$

zu b)

$$x\% \mathrel{\hat=} 15{,}61\ €$$
$$45{,}00\ € \mathrel{\hat=} 100\ \%$$

$$\text{Kalkulationszuschlag} = \frac{34{,}69 \cdot 100}{100{,}00} = 34{,}69\ \% = \frac{15{,}61 \cdot 100}{45{,}00}$$

$$\boxed{\text{Kalkulationszuschlagssatz} = \frac{(\text{Angebotspreis} - \text{Bezugspreis}) \cdot 100}{\text{Bezugspreis}}}$$

Beispiel 2 Kalkulation mit Zuschlagssatz

Eine Brauerei bezieht 10 000 Bierkrüge zu 300,00 € je 100 Stück. Der Lieferant gewährt 3 % Rabatt und 2 % Skonto. An Bezugskosten fallen 1.182,99 € an. Die Brauerei kalkuliert den Angebotspreis für Gastwirte mit einem Zuschlag von 34,69 %. Wie hoch ist der Angebotspreis?

Lösung

Listeneinkaufspreis	30.000,00 €			
Rabatt 3 %	900,00 €		Bezugspreis	29.700,00 €
Zieleinkaufspreis	29.100,00 €	+	Handlungskosten-	
Skonto 2 %	582,00 €		zuschlag 34,69 %	10.302,93 €
Bareinkaufspreis	28.518,00 €		Angebotspreis	40.002,93 €
Bezugskosten	1.182,00 €		Angebotspreis	
Bezugspreis	29.700,00 €		je Stück	4,00 €

$$\boxed{\text{Bezugspreis} + \text{Kalkulationszuschlag} = \text{Angebotspreis}}$$

Kalkulationsfaktor

Beziehen wir das vorstehende Beispiel 1 nicht auf 100,00 €, sondern auf 1,00 € Bezugspreis, so entspricht 1,00 € Bezugspreis 1,3469 € Angebotspreis. Diese Zahl – 1,3469 – bezeichnet man als **Kalkulationsfaktor**. Um den Angebotspreis zu ermitteln, multiplizieren wir den Bezugspreis mit dem Kalkulationsfaktor.

$$\text{Kalkulationsfaktor} = \frac{\text{Angebotspreis}}{\text{Bezugspreis}}$$

$$\text{Kalkulationsfaktor} = \frac{134{,}69}{100{,}00} = 1{,}3469 \quad \text{bzw.} \quad \frac{60{,}61}{45{,}00} = 1{,}3469$$

Das bedeutet, dass einem Kalkulationszuschlag von 34,69 % ein Kalkulationsfaktor von 1,3469 entspricht.

Einem Kalkulationszuschlag von 125,28 % entspricht ein Kalkulationsfaktor von 2,2528, einem Zuschlag von 230,34 % ein Faktor von 3,3034.

Beispiel 3 **Kalkulation mit Kalkulationsfaktor**
Eine Gärtnerei bezieht 20 Gesteckvasen zu 3,00 € je Stück frei Haus. Wie hoch ist der Angebotspreis je Vase, wenn das Unternehmen mit einem Faktor von 1,3469 kalkuliert?

Lösung x = 3,00 € · 1,3469 = 4,04 €

$$\text{Bezugspreis} \cdot \text{Kalkulationszuschlag} = \text{Angebotspreis}$$

1 Errechnen Sie den Kalkulationszuschlag und den Kalkulationsfaktor.

	Handlungskosten	Gewinn	Vertreterprovision	Skonto	Rabatt
a)	25 %	20 %	10 %	3 %	40 %
b)	12 %	8 %	–	1 %	15 %

2 Ermitteln Sie den Kalkulationszuschlag und den Kalkulationsfaktor.

	Bezugspreis	Handlungskosten	Gewinn	Vertreterprovision	Skonto
a)	3.670,00 €	24 %	3 %	–	3 %
b)	4,10 €	60 %	50 %	15 %	3 %

3 Mit welchem Kalkulationszuschlag und Kalkulationsfaktor rechnet der Handelsbetrieb?

	Bezugspreis	Listenverkaufspreis
a)	240,00 €	360,80 €
b)	1.225,00 €	1.890,00 €
c)	14,20 €	30,00 €
d)	10,00 €	20,34 €

4 Wie hoch ist der Kalkulationszuschlag bzw. der Kalkulationsfaktor?

	a)	b)	c)	d)	e)	f)
Kalkulations-zuschlag	33,87 %	?	125,75 %	?	375,25 %	?
Kalkulations-faktor	?	1,8825	?	3,3451	?	1,4273

5 Der Listeneinkaufspreis für einen Artikel beträgt 1.967,00 €. Einkaufsrabatt 20 %; Bezugskosten 46,00 €.

Wie hoch ist der Angebotspreis bei einem Kalkulationszuschlag von 36,75 % einschließlich USt?

6 Wie hoch sind die Angebotspreise?

	Bezugspreis	Kalkulations-zuschlag		Bezugspreis	Kalkulations-faktor
a)	200,00 €	9,075 %	e)	4,28 €	2,1735
b)	5.180,00 €	124,13 %	f)	8.617,15 €	1,7624
c)	12.366,00 €	40,25 %	g)	25.936,00 €	3,1850
d)	9.620,00 €	150 %	h)	90,70 €	1,6201

7 Eine Möbelhandlung bezieht 190 Spezialleuchten zu 42,00 € je Stück abzüglich 3 % Skonto. Bezugskosten 560,40 €. Wie hoch ist der Angebotspreis je Stück bei einem Kalkulationsfaktor von 1,5412?

8 Eine Schreib- und Papierwarenhandlung kalkuliert die Artikel der Warengruppe V mit folgenden Zuschlagssätzen:

Geschäftskosten 22 %, Gewinn 12 %.

Errechnen Sie mit dem Kalkulationsfaktor die Listenverkaufspreise:

Artikel	V/001	V/002	V/003	V/004	V/005	V/006
Bezugspreis	2,60 €	3,25 €	6,80 €	14,40 €	8,90 €	1,20 €
Endverkaufspreis	?	?	?	?	?	?

8.1.2 Rückwärtskalkulation

8.1.2.1 Ermitteln des Bezugs- bzw. Einkaufspreises

Die kalkulatorische Rückrechnung wird erforderlich, wenn der Bezugspreis bzw. Einkaufspreis festgestellt werden soll, zu dem ein Geschäft noch lohnend ist. Wir gehen vom gegebenen Verkaufspreis aus (z. B. Marktpreis, Verkaufspreis der Konkurrenz, fester Preis durch gesetzliche Preisvorschriften) und errechnen mit den angegebenen Zuschlagssätzen (Abschlägen) den Bezugspreis oder Einkaufspreis.

Beispiel Der empfohlene Listenverkaufspreis, zu dem Wiederverkäufer einen Prozessrechner anbieten sollen, wurde vom Herstellerwerk auf 3.750,00 € kalkuliert.

Zu welchem Listeneinkaufspreis kann der Rechner höchstens eingekauft werden; welcher Einkaufspreis ist für den Wiederverkäufer noch lohnend?

Der Händler rechnet mit 30 % Einkaufsrabatt und 2 % Einkaufsskonto, hinzu kommen 3 % Bezugskosten. – Die Handlungsgemeinkosten betragen 20 %, der Gewinn wird mit 10 % kalkuliert. Verkaufskosten: 2 % Kundenskonti, 8 % Vertreterprovision, 20 % Kundenrabatt.

Lösung ①

	Listeneinkaufspreis	2.894,87 €	100 %		
–	30 % Rabatt	868,46 €	30 %	⑧	
	Zieleinkaufspreis	2.026,41 €	70 %	←	100 %
–	2 % Skonto	40,53 €		⑦	2 %
	Bareinkaufspreis	1.985,88 €	100 %	→	98 %
+	3 % Bezugskosten	59,58 €	3 %	⑥	
	Bezugspreis/Wareneinsatz	2.045,46 €	103 %	←	100 %
+	20 % HG-Kosten	409,09 €		⑤	20 %
	Selbstkosten	2.454,55 €	100 %	→	120 %
+	10 % Gewinn	245,45 €	10 %	④	
	Barverkaufspreis	2.700,00 €	110 %	←	90 %
+	2 % Skonto	60,00 €		③	2 %
+	8 % Vertreterprovision	240,00 €			8 %
	Zielverkaufspreis	3.000,00 €	80 %	→	100 %
+	20 % Rabatt	750,00 €	20 %	②	
	Listenverkaufspreis	3.750,00 €	100 %		

Lösungsweg

① Kalkulationsschema aufstellen vom Listeneinkaufspreis bis zum Listenverkaufspreis.

② – ⑧ Schritt für Schritt rückwärtsrechnen.

Kalkulation

1 Stellen Sie die höchstmöglichen Einkaufs- bzw. Bezugspreise fest.

	Einkaufs-rabatt	Einkaufs-skonto	Bezugs-kosten	Handlungs-gemeinkosten	Gewinn
a)	30 %	3 %	7 %	18 %	12,5 %
b)	40 %	1 %	126,40 €	11 %	20 %
c)	–	–	–	14 %	–
d)	–	–	8,2 %	28 %	9 %

	Verkaufsskonto	Vertreter-provision	Verkaufsrabatt	Listenverkaufs-preis
a)	2 %	8 %	25 %	2.000,00 €
b)	2,5 %	15 %	30 %	13.000,00 €
c)	–	–	10 %	36,00 €
d)	2 %	–	–	210,00 €

2 Ein Großhändler kann markenlose Entsafter dem Facheinzelhandel zu 72,25 € anbieten. Wie hoch darf der Zieleinkaufspreis höchstens sein, wenn die Großhandlung mit 3 % Einkaufsskonto, 3,20 € Bezugskosten, 25 % Geschäftskosten, 8 % Gewinn, 2½ % Verkaufsskonto und 20 % Verkaufsrabatt kalkuliert?

3 Aus Konkurrenzgründen wird der Angebotspreis für ein Kinderdreirad von 64,00 € auf 58,00 € gesenkt.

Wie hoch darf der neue Bezugspreis höchstens sein, wenn auf einen Gewinn verzichtet wird?

Bisher wurde mit 3 % Verkaufsskonto, 4 % Gewinn und 17 % Handlungskosten kalkuliert.

4 Eine Glas- und Keramikhandlung kann an eine Winzergenossenschaft 50 000 Probiergläser mit Werbeaufdruck zu 60,00 € je 100 Stück verkaufen. Errechnen Sie den höchstmöglichen Listeneinkaufspreis für ein Glas bei folgenden Bedingungen:

Verkaufsrabatt 5 %, Verkaufsskonto 2 %, Einkaufsrabatt 20 %, Einkaufsskonto 2 %, Bezugskosten 110,00 € je 1 000 Stück. Handlungsgemeinkosten 22,5 %, Gewinn 4 %, Vertreterprovision im Verkauf 7 %.

5 Ein Steuerungsgerät wird von der Konkurrenz für 6.875,00 € angeboten. Zu welchem Preis könnten wir das Gerät für ein vergleichbares Angebot einkaufen? Kalkulationsbedingungen: Einkaufsskonto 2,5 %, Bezugskosten 4,5 %, Handlungsgemeinkosten 20 %, Gewinn 12,5 %, Verkaufsskonto 3 %, Verkaufsrabatt 20 %.

8.1.2.2 Handelsspanne

Die Handelsspanne ist die Differenz zwischen dem Angebotspreis und dem Bezugspreis, ausgedrückt in Prozent des Angebotspreises (Angebotspreis = 100 %). Mit der Handelsspanne lässt sich leicht der aufwendbare Bezugspreis ermitteln. Der Händler stellt fest, ob er bei feststehenden Angebotspreisen und den eigenen Bezugspreisen mit seinen Zuschlagssätzen auskommt (z. B. vom Hersteller empfohlene Preise; Preise, die aus Konkurrenzgründen nicht überschritten werden dürfen). Damit kann die Rückwärtskalkulation vereinfacht werden.

> **Ist der Verkaufspreis nicht bekannt, wird er = 100 gesetzt.**

Beispiel 1 Die Handelsspanne im Kalkulationsschema

Ein Unternehmen kalkuliert mit 20 % Handlungskosten, 10 % Gewinn und 2 % Verkaufsskonto. Wie hoch ist die Handelsspanne bei
a) unbekanntem Verkaufspreis?   b) einem Verkaufspreis von 60,61 €?

Lösung

		zu a)	zu b)
①	Bezugspreis/Wareneinsatz	74,24 €	45,00 €
+	20 % Handlungskosten	14,85 €	9,00 €
	Selbstkosten	89,09 €	54,00 €
+	10 % Gewinn	8,91 €	5,40 €
	Barverkaufspreis	98,00 €	② 59,40 €
+	2 % Kundenskonto	2,00 €	1,21 €
	Verkaufspreis	100,00 €	60,61 €

Die Differenz zwischen Angebotspreis (= 100 %) und Bezugspreis beträgt

zu a) 100 − 74,24 = 25,76

x % ≙ 25,76 €
100,00 € ≙ 100 %
x = 25,76 %

zu b) 60,61 € − 45,00 € = 15,61 €

x % ≙ 15,61 €
60,61 € ≙ 100 %
x = 25,76 %

Lösungsweg
① Kalkulationsschema aufstellen.
② Schrittweise vom Listenverkaufspreis rückwärtsrechnen.

Beispiel 2 Die Handelsspanne als Differenz zwischen Verkaufspreis und Bezugspreis

Wie hoch ist die Handelsspanne?
Bezugspreis 45,00 €, Verkaufspreis 60,61 €.

Lösung Die Differenz zwischen Verkaufspreis (= 100 %) und Bezugspreis beträgt:
60,61 € − 45,00 € = 15,61 €

x % ≙ 15,61 €
60,61 € ≙ 100 %

x = 25,76 %

Kalkulation

$$\text{Handelsspanne} = \frac{(\text{Angebotspreis} - \text{Bezugspreis}) \cdot 100}{\text{Angebotspreis}}$$

Beispiel 3 **Die Handelsspanne mit Kalkulationszuschlag und Kalkulationsfaktor**

Die Handelsspanne lässt sich auch aus Kalkulationszuschlag und Kalkulationsfaktor errechnen:

Der Kalkulationszuschlag beträgt 34,69 %. Wie hoch ist die Handelsspanne?

Lösung Der Kalkulationsfaktor beträgt bei einem Zuschlag von 34,69 % = 1,3469.

x = 34,69 : 1,3469 = <u>25,76 %</u>

$$\text{Handelsspanne} = \frac{\text{Kalkulationszuschlag}}{\text{Kalkulationsfaktor}}$$

Beispiel 4 **Bezugspreisermittlung mit Handelsspanne**

Ein Unternehmen kalkuliert mit einer Handelsspanne von 25,76 %. Aus Konkurrenzgründen kann ein Artikel an den Facheinzelhandel höchstens zu 60,61 € angeboten werden. Errechnen Sie den höchstmöglichen Bezugspreis, bei dem das Unternehmen volle Kosten- und Gewinndeckung erreicht.

Lösung
```
  Verkaufspreis ................................ = 60,61 €
− 25,76 % Handelsspanne ........................ = 15,61 €
  Bezugspreis .................................. = 45,00 €
```

Angebotspreis − Handelsspanne = Bezugspreis

1 Errechnen Sie Handelsspanne, Kalkulationszuschlag und Kalkulationsfaktor.

	Handlungskosten	Gewinn	Vertreterprovision	Skonto	Rabatt
a)	18 %	10 %	–	2 %	25 %
b)	15 %	5 %	3 %	3 %	20 %

2 Mit welchen Handelsspannen rechnet das Unternehmen?

	Listenverkaufspreis	Bezugspreis		Listenverkaufspreis	Bezugspreis
a)	640,20 €	414,52 €	c)	1.240,90 €	580,00 €
b)	8.255,00 €	4.626,40 €	d)	88,00 €	52,80 €

3 Ermitteln Sie die Handelsspanne, den Kalkulationszuschlag und den Kalkulationsfaktor.

Zielverkaufspreis	Geschäftskosten	Gewinn	Skonto
a) 288,00 €	12,5 %	8 %	3 %
b) 5.112,00 €	14 %	12 %	2 %

4 Errechnen Sie für die Inventur die Bezugspreise.

	Listenverkaufspreis	Handelsspanne		Listenverkaufspreis	Handelsspanne
a)	6.800,00 €	32,75 %	c)	250,00 €	25,00 %
b)	25,40 €	44,23 %	d)	4.456,20 €	16,67 %

5 Der Bezugspreis für ein Mountainbike beträgt 1.050,50 €. Die Fahrradhandlung kalkuliert mit einer Handelsspanne von 22,24 %. Wie hoch ist der Listenverkaufspreis?

6 Ein Unternehmen ermittelt für die Jahresbilanz die Einstandspreise des Lagers 3 für Geschirrspüler. Die Verkaufspreise der Warengruppe I (Haushaltsgeschirrspüler) sind Richtpreise. Die Handelsspanne ist von den Lieferanten festgesetzt. Die Verkaufspreise der Warengruppe II (Geschirrspüler für Großküchen) sind selbst kalkuliert: Für Lieferant A beträgt der Kalkulationszuschlag 25 %, für Lieferant D 42 %. Ermitteln Sie hierzu die Handelsspannen.

Wie hoch ist der Inventurwert des Lagers 3?

Inventurliste Lager 3

Warengruppe	Hersteller	Modell	Menge	Angebotspreise	Handelsspanne	Einstandspreise je Modell	Warengruppe
I	A	L	6	1.580,00 €	45 %	? €	
		N	5	1.240,00 €	40 %	? €	
		S	8	960,00 €	30 %	? €	
	B	01	3	1.250,00 €	42 %	? €	
	C	X-1	2	1.200,00 €	38 %	? €	
		X-2	4	1.420,00 €	46 %	? €	? €
II	A	GK 402	1	12.640,00 €	? %	? €	
		GK 507	2	8.420,00 €	? %	? €	
	D	2000 S	3	10.400,00 €	? %	? €	? €
Inventurwert Lager 3							? €

8.1.3 Differenzkalkulation (Gewinnkalkulation)

Durch die Gewinnkalkulation wird bei **gegebenem Einkaufspreis** und **feststehendem Verkaufspreis** (z. B. Richtpreise, Preise der Konkurrenz, staatliche Festpreise) der Gewinn oder Verlust unter Berücksichtigung der Kosten ermittelt. Es wird festgestellt, ob bei den gegebenen Einkaufs- und Verkaufsbedingungen und der Kostenstruktur des eigenen Betriebes ein angemessener Gewinn erzielt werden kann, ob ein Geschäft zu diesen Bedingungen lohnend ist.

Gewinn oder Verlust ergeben sich als Differenz zwischen den Selbstkosten und dem Barverkaufspreis, ausgedrückt als Prozentsatz der Selbstkosten.

Beispiel 1 **Feststellen der Differenz (Gewinn/Verlust)**
Ein Elektrofachmarkt kauft Radiowecker zum Listenpreis von 15,88 € ein. Aus Konkurrenzgründen wird zum Listenverkaufspreis von 40,00 € angeboten.
Konditionen: 10 % Einkaufsrabatt, 2 % Einkaufsskonto, Bezugskosten 1,00 €, Handlungsgemeinkosten 20 %, Verkaufsskonto 3 %, Verkaufsrabatt 45 %.
Wie hoch ist der Gewinn in Euro und Prozent?

Lösung ①

	Listeneinkaufspreis	15,88 €
−	10 % Rabatt	1,59 €
	Zieleinkaufspreis	14,29 €
−	2 % Skonto	0,29 €
	Bareinkaufspreis	14,00 € ②
+	Bezugskosten	1,00 €
	Bezugspreis/Wareneinsatz	15,00 €
+	20 % Handlungskosten	3,00 €
	Selbstkosten	18,00 €
	Gewinn = 18,6 % ⑤	**3,34 €** ④
	Barverkaufspreis	21,34 €
+	3 % Skonto	0,66 €
	Zielverkaufspreis	22,00 €
+	45 % Rabatt	18,00 € ③
	Listenverkaufspreis	40,00 €

① Kalkulationsschema aufstellen.
② Errechnen der Selbstkosten (ausgehend vom Listen**einkaufs**preis).
③ Errechnen des Barverkaufspreises (ausgehend vom Listen**verkaufs**preis).
④ Feststellen der Differenz zwischen Selbstkosten (hier: 18,00 €) und dem Barverkaufspreis (hier: 21,34 €) = Gewinn (hier: 3,34 €).
⑤ Errechnen des Gewinnprozentsatzes, die Selbstkosten ≙ 100 %.

$\quad$ x % ≙ $\quad$ 3,34 €
18,00 € ≙ 100 $\quad$ % $\quad\quad$ x = 18,6 %

1 Wie hoch sind Gewinn oder Verlust in Euro und Prozent?

	Listeneinkaufspreis	Einkaufsrabatt	Einkaufsskonto	Bezugskosten
a)	40,00 €	5 %	3 %	1,20 €
b)	8,00 €	10 %	–	15 %
c)	3.000,00 €	15 %	–	250,00 €

	Handlungskosten	Verkaufsskonto	Verkaufsrabatt	Listenverkaufspreis
a)	25 %	2 %	40 %	120,00 €
b)	20 %	3 %	–	10,50 €
c)	13,1 %	2,5 %	9 %	3.300,00 €

2 Die Selbstkosten für 60 000 Flaschen Möbelpolitur betragen 62.400,00 €. Wie hoch sind Gewinn oder Verlust in Euro und Prozent insgesamt und je Flasche, wenn die Politur zu 2,80 € angeboten wird? (Skonto 2 %, Rabatt 50 %)

3 Eine Großhandlung bezieht Stahlbestecke. Das vierteilige Besteck „Orion" kostet frei Lager 30,20 €.

Kosten: Handlungsgemeinkosten 18 %, Verkaufsskonto 2 %, Verkaufsrabatt 30 %.

Wie hoch sind Gewinn oder Verlust in Euro und Prozent, wenn der empfohlene Endpreis auf 60,00 € festgesetzt ist?

4 Wie hoch sind Gewinn oder Verlust in Euro und Prozent?

Listenangebotspreis 52,50 €, Listeneinkaufspreis 30,50 €, Einkaufsrabatt 10 %, Einkaufsskonto 3 %, Bezugskosten 4,10 €, Handlungsgemeinkosten 16 %, Verkaufsskonto 2 %, Verkaufsrabatt 27 %.

5 Die Autoersatzteil- und -zubehörhandlung Federmann kauft 1 000 3-Punkt-Haltegurte zum Listeneinkaufspreis von 53,20 € je Stück. Einkaufsbedingungen: 40 % Rabatt, 3 % Skonto, Bezugskosten 2,25 € je Stück, Handlungsgemeinkosten 28 %. Der Listenverkaufspreis der Gurte beträgt 92,60 € je Stück. Der branchenübliche Verkaufsskonto beträgt 3 %. Wie hoch sind Gewinn oder Verlust in Euro und Prozent

a) bei Verkauf von 20 Gurten (Wiederverkäuferrabatt 40 %),
b) bei Verkauf von 50 Gurten (Wiederverkäuferrabatt 45 %),
c) bei Verkauf von 75 Gurten (Wiederverkäuferrabatt 50 %)?

8.2 Kalkulation in Fertigungsbetrieben

Die Kalkulation hat die Aufgabe, die **Selbstkosten** der einzelnen Kostenträger (Erzeugnisse, Leistungen) zu erfassen (Kostenträgerrechnung) und den **Angebotspreis** unter Einrechnung eines angemessenen Gewinns zu bestimmen.

Die Methode der Erfassung der Kosten richtet sich nach den Fertigungsverfahren.

8.2.1 Divisionskalkulation

Die Gesamtkosten eines Rechnungszeitraumes werden bei Massenfertigung durch die Leistungen dieser Zeit **dividiert.** Das Ergebnis sind die Selbstkosten des einzelnen Kostenträgers. Angewandt wird diese Methode bei der industriellen Massenfertigung gleicher Erzeugnisse (z. B. Bier, Elektrizität, Kohle, Wasser) und in Handwerksbetrieben.

Die Kosten (Kostenarten) werden dem Kosten-Leistungs-Bereich entnommen. Grundlage für die Kalkulation können auch die auf Kostenstellen verrechneten Kosten sein: Material, Fertigung, Verwaltung, Vertrieb.

Bestandsveränderungen sind bei der Feststellung der Gesamtkosten zu berücksichtigen.

8.2.1.1 Einstufige Divisionskalkulation

Ermitteln der Kosten

Die Selbstkosten je Leistungseinheit werden ermittelt:

$$\text{Selbstkosten je Einheit} = \frac{\text{Kosten des Rechnungszeitraumes}}{\text{Leistungen des Rechnungszeitraumes}}$$

Beispiel 1 — Kostenerfassung nach Kostenarten

Ein Betrieb stellt eine Sorte Kunstharzfolie her. Im vergangenen Rechnungszeitraum wurden 200 000 m² Folie zu den angegebenen Kosten hergestellt.
Wie hoch sind die Selbstkosten für 1 m² Folie?

Lösung

	€	in % (gerundet)	je m²
Materialkosten	140.000,00	38,9	0,70 €
Personalkosten	120.000,00	33,3	0,60 €
Instandhaltung und Instandsetzung	8.000,00	2,2	0,04 €
Abschreibungen	20.000,00	5,6	0,10 €
Steuern, Versicherungen	18.000,00	5,0	0,09 €
Sonstige Kosten	54.000,00	15,0	0,27 €
Selbstkosten 200 000 m²	360.000,00	100	1,80 €
Selbstkosten für 1 m²	1,80		

Die Selbstkosten werden durch die Herstellungsmenge **dividiert**.

Beispiel 2 — Kostenerfassung nach Kostenstellen

Wie hoch sind die Kosten für 1 kg Dünger bei einer Produktion von 800 000 kg?

Lösung

	€	in % (gerundet)	je m²
Kostenstelle Material	600.000,00	60,6	0,75 €
Kostenstelle Fertigung	200.000,00	20,2	0,25 €
Herstellungskosten	800.000,00	80,8	1,00 €
Kostenstelle Verwaltung	80.000,00	8,1	0,10 €
Kostenstelle Vertrieb	110.000,00	11,1	0,14 €
Selbstkosten für 800 000 kg	990.000,00	100	1,24 €
Selbstkosten für 1 kg	1,24		

Beispiel 3 — Kostenerfassung je Leistungsstunde

Ein Handwerksbetrieb hat Selbstkosten in Höhe von 539.000,00 € bei 7 840 Fertigungsstunden. Wie hoch ist der Stundensatz zu Selbstkosten?

Lösung

$$\text{Stundensatz:} \quad \frac{\text{Selbstkosten}}{\text{Fertigungsstunden}} = \frac{539.000,00}{7\,840} = 68,75 \;\text{€/Std.}$$

Kalkulation

Kostenerfassung unter Berücksichtigung von Bestandsveränderungen

Entspricht die **Absatzmenge** nicht der **produzierten Menge,** kommt es zu Veränderungen des Lagerbestandes an fertigen und unfertigen Erzeugnissen: **Bestandsveränderungen.** Die Selbstkosten des Rechnungszeitraumes müssen für die **tatsächlich verkauften Erzeugnisse** ermittelt werden.

Ist die produzierte Menge größer als der Absatz, erhöhen sich die Lagerbestände: **Bestandsmehrung.** *Sie vermindert die Summe der Selbstkosten der verkauften Erzeugnisse.*

Übersteigt die Absatzmenge die Produktion, verringern sich die Lagerbestände: **Bestandsminderung.** *Die Selbstkosten des verkauften Lagerbestandes müssen den Kosten des Rechnungszeitraumes zugerechnet werden.*[1]

Beispiel **Erfassung der Selbstkosten**

Die Selbstkosten für die im Rechnungszeitraum erzeugten Produkte betragen 360.000,00 €. Wie hoch sind die Selbstkosten der verkauften Produkte, wenn

a) Erzeugnisse für 20.000,00 € auf Lager genommen werden?
   (Bestandsmehrung)

b) Erzeugnisse für 25.000,00 € aus dem Lager zusätzlich in den Verkauf gehen?
   (Bestandsminderung)

Lösung

	a) Bestandsmehrung	b) Bestandsminderung
Selbstkosten des Rechnungszeitraumes	360.000,00 €	360.000,00 €
Bestandsänderung	− 20.000,00 €	+ 25.000,00 €
Selbstkosten der verkauften Erzeugnisse	340.000,00 €	385.000,00 €

Ermitteln des Angebotspreises/Verkaufspreises

Neben den Selbstkosten enthält der Verkaufspreis Gewinn, Verkaufsskonto, Provision und Verkaufsrabatt.

Die Umsatzsteuer (USt) ist kein Kostenbestandteil. Sie wird daher in der Kalkulation grundsätzlich nicht berücksichtigt.

Beim Verkauf wird die USt **in der Rechnung** gesondert als Zuschlag auf den Angebotspreis (Verkaufspreis) ausgewiesen.

Je nach Angebotspreis wird die USt vom Barverkaufspreis, Zielverkaufspreis oder Listenverkaufspreis berechnet.

---

[1] Bestandsmehrungen bzw. -minderungen werden über die Konten Fertigerzeugnisse bzw. Unfertige Erzeugnisse → Bestandsveränderungen → GuV abgerechnet.

Beispiel Ermitteln des Angebotspreises

Die Selbstkosten für die Kunstharzfolie R8 betragen 360.000,00 €. Für die Kalkulation sind zu berücksichtigen: 10 % Gewinn, 2 % Verkaufsskonto, 5 % Provision, 12,5 % Verkaufsrabatt, Produktion: 200 000 m Folie.

a) Wie hoch ist der Angebotspreis insgesamt und für 1 m Folie?
b) Über welchen Betrag lautet die Rechnung bei 19 % USt? Lieferung 1 000 m.

Lösung zu a) Listenangebotspreis insgesamt und für 1 m

	Selbstkosten	360.000,00 €	100 %
+	Gewinn 10 % (v. H.)	36.000,00 €	10 %
	Barangebotspreis/Barverkaufspreis	396.000,00 €	110 % → 93 %
+	Skonto 2 % (i. H.)	8.516,13 €	2 %
+	Provision 5 % (i. H.)	21.290,32 €	5 %
	Zielangebotspreis/Zielverkaufspreis	425.806,45 €	87,5 % ← 100 %
+	Rabatt 12,5 %	60.829,49 €	12,5 %
	Listenangebotspreis/Listenverkaufspreis	486.635,94 €	100 %
	Verkaufspreis für 1 m Folie	2,43 €	

zu b) Brutto-Rechnungsbetrag

Rechnung

Anzahl	Artikel	Preise	
		je m	insgesamt
1 000 m	Kunstharzfolie R 8	2,43 €	2.430,00 €
	Rabatt 12,5 %		303,75 €
	Netto-Rechnungspreis		2.126,25 €
	USt 19 %		403,99 €
	Brutto-Rechnungspreis		2.530,24 €

1

	Selbstkosten	Gewinn	Skonto	Provision	Rabatt	USt	Produktion
a)	903.684,25 €	8 %	2 %	8 %	5 %	19 %	33 510 St.
b)	71.033,40 €	4,5 %	3 %	2 %	–	19 %	6 095 l
c)	691.111,91 €	12,5 %	1 %	5 %	25 %	7 %	927 t
d)	108.457,28 €	9,25 %	3 %	10 %	30 %	19 %	105 270 m

Bestandsveränderungen: c)   21.000,00 € Minderbestand
                                    d)   4.650,00 € Mehrbestand

1. Wie hoch ist der Angebotspreis insgesamt und für eine Einheit?
2. Über welchen Betrag lautet die Rechnung bei Lieferung von 50 Einheiten?

2 Bei der Herstellung von Kunststoffplatten sind als Kosten im vergangenen Rechnungszeitraum entstanden:

| Material | 308.988,70 € | Verwaltung | 39.084,60 € |
| Fertigung | 94.107,10 € | Vertrieb | 81.305,20 € |

Hergestellt wurden 49 750 m².

a) Wie hoch sind die Herstellungskosten insgesamt und je m²?

b) Wie hoch sind die Selbstkosten insgesamt und je m²?

c) Wie hoch ist der prozentuale Anteil der einzelnen Kostenstellen an den Gesamtkosten?

d) Wie hoch ist der Zielangebotspreis insgesamt und je m²?

Gewinn 12,5 %, Skonto 2 %.

e) Wie hoch sind die Selbstkosten der fertigen Produktion, wenn eine Bestandsminderung an unfertigen Erzeugnissen von 40.500,00 € zu berücksichtigen ist (insgesamt und je m²)?

3 Ein Steinbruch gewinnt 7 980 m³ Schottersteine zu folgenden Kosten:

Personalkosten	178.000,00 €	Abschreibungen	13.100,00 €
Hilfs- und		Pacht	10.000,00 €
Betriebsstoffe	18.200,00 €	Steuer und	
Energiekosten	11.600,00 €	Versicherung	12.300,00 €
Instandhaltung und		Sonstige Kosten	25.200,00 €
Instandsetzung	7.500,00 €		

Gewinn 22.991,67 €, Skonto 3 %, Provision 7 %.

a) Wie hoch sind die Selbstkosten insgesamt und je m³?

b) Wie hoch ist der Zielangebotspreis insgesamt und je m³?

4 Ein Zementwerk stellte im letzten Monat 6 230 t Zement zu folgenden Kosten her:

Steinbruch	124.000,00 €	Lager und Versand	98.200,00 €
Bahnanlage	36.400,00 €	Energiekosten	188.600,00 €
Rohmühle	165.700,00 €	Sonstige	
Presse	142.100,00 €	Betriebskosten	31.500,00 €
Zementöfen	316.500,00 €	Verwaltungs- und	
Zementmühle	152.400,00 €	Vertriebskosten	107.900,00 €

Gewinn 8 %, Skonto 2 %.

Wie hoch ist der Verkaufspreis je t?

5 Bei der Herstellung eines Spezialriegels für Feuersicherungstüren (Produktionsmenge 4 650 Stück) fielen folgende Kosten an:

Materialkosten: Flach- und Stabeisen, Federn u. a. 148.625,00 €.

Fertigungskosten: Fertigungslöhne 131.921,00 €, Hilfslöhne 21.318,00 €, Meistergehalt 15.667,00 €, Sozialkosten 48.926,00 €, Hilfs- und Betriebsstoffe 6.230,00 €, Strom, Gas, Wasser 11.063,00 €, kalk. Abschreibungen 12.980,00 €, Instandhaltung und -setzung 3.525,00 €, sonstige Kosten 13.114,00 €.

Verwaltungskosten: Gehälter 23.723,00 €, Sozialkosten 6.150,00 €, Büromaterial 1.682,00 €, kalk. Abschreibungen 700,00 €, sonstige Kosten 3.810,00 €.

Vertriebskosten: Werbung 1.690,00 €, Steuern, Beiträge, Versicherung 23.480,00 €, kalk. Abschreibungen 1.915,00 €, Fracht und Verpackung 6.309,00 €, sonstige Kosten 4.100,00 €.

An Gewinn sind 52.800,00 € einzurechnen.

a) Wie hoch sind die Selbstkosten insgesamt und je Stück?
b) Wie hoch ist der Verkaufspreis insgesamt und je Stück?
c) Wie hoch sind die Anteile der Material-, Fertigungs-, Verwaltungs- und Vertriebskosten und des Gewinns in Prozent des Verkaufspreises?

6 Eine Kfz-Werkstatt hatte im Rechnungszeitraum – ohne Einzelmaterial – bei 5 630 Arbeitsstunden 355.600,00 € Selbstkosten.

a) Wie hoch sind die Selbstkosten je Arbeitsstunde?
b) Wie hoch wird eine Reparaturstunde berechnet?
   Gewinn und Wagniszuschlag 15 %.
c) Auf welchen Betrag lautet die Reparaturrechnung?
   Einzelmaterial 315,10 €, 12,5 Arbeitsstunden, USt 19 %.

7 Eine Kelterei hat folgende Kosten:

Mostobst .... 150.000,00 € Fertigungsgemeinkosten 43.000,00 €
Materialgemeinkosten 12.600,00 € Verwaltungs- und
Fertigungslöhne ...... 52.000,00 € Vertriebsgemeinkosten 120.000,00 €

a) Ermitteln Sie die Herstell- und Selbstkosten insgesamt und je Liter Fruchtsaftschorle. Ausbeute: 1 Mio. Liter.
b) Wie viel Euro beträgt der Angebotspreis?
   Gewinn 10 %, Provision 15 %, Skonto 3 %.

8 Eine Näherei hat Selbstkosten von 1.117.950,00 € bei 20 338 Nähstunden.

a) Ermitteln Sie die Selbstkosten je Nähstunde.
b) Ermitteln Sie die Selbstkosten je Nähminute.
c) Ermitteln Sie den Angebotspreis je Nähminute einschließlich 4,2 % für Gewinn und Wagnis.

Kalkulation

8.2.1.2 Divisionskalkulation mit Äquivalenzziffern

Die Divisionskalkulation mit Äquivalenzziffern wird angewandt **bei Massenfertigung nicht einheitlicher, aber ähnlicher Leistungen**, z. B. mehrerer Sorten Bier, Ziegelsteine, Bleche, wenn in einem Abrechnungszeitraum mehrere Sorten hergestellt wurden und die insgesamt angefallenen Selbstkosten den einzelnen Sorten und der einzelnen Mengeneinheit nicht direkt zugerechnet werden. Durch die Unterschiede zwischen den Sorten (z. B. verschiedenes Gewicht, unterschiedliche Brenndauer, unterschiedliche Materialstärke der Erzeugnisse) haben die hergestellten verschiedenen Sorten unterschiedlich hohe Stückkosten verursacht. – Die gesamten Selbstkosten dürfen deshalb **nicht** nach der einfachen Divisionskalkulation auf die Gesamt- und Stückleistung verteilt werden. – Um die angefallenen Selbstkosten den einzelnen Sorten verursachungsgemäß zurechnen zu können, werden **Wertungsziffern = Äquivalenzziffern** verwandt, die das Stückkostenverhältnis der einzelnen Sorten zueinander widerspiegeln. Die Äquivalenzziffern werden von Zeit zu Zeit überprüft.

Beispiel 1 **Ermitteln der Äquivalenzziffern aus Maßen**

Ein Spanplattenbetrieb stellte in einem Abrechnungszeitraum auf der gleichen Anlage drei Sorten Spanplatten her, die sich lediglich durch die Plattenstärke voneinander unterscheiden:

Sorte I	– 6 mm Plattenstärke	= Äquivalenzziffer 1
Sorte II	– 12 mm Plattenstärke	= Äquivalenzziffer 2
Sorte III	– 24 mm Plattenstärke	= Äquivalenzziffer 4

Da wir annehmen können, dass die Stückkosten hier überwiegend von der Menge des eingesetzten Materials und damit von der Plattenstärke abhängen, gehen wir von einer Sorte als Basis aus (hier Sorte I) und drücken die Kostenabweichungen der anderen Sorten zu dieser Grundsorte im Verhältnis der Plattenstärken aus = **Äquivalenzziffern.** Das heißt, dass die Kosten unter Berücksichtigung der hergestellten Mengen je Sorte im Verhältnis 1 : 2 : 4 zu verteilen sind. **Um zum richtigen Kostenverhältnis der Sorten zu kommen, werden die Produktionsmengen mit den Äquivalenzziffern multipliziert = rechnerische Einheiten (RE).**

Beispiel 2 **Ermitteln der Äquivalenzziffern nach Stückkosten**

Ein Werk stellt drei Sorten Mosaikfliesen her. Aufgrund einer Kostenanalyse wurden für die einzelnen Sorten festgestellt:

Kosten Sorte I	für 1 Stück:	2,40 €	→	1	Äquivalenzziffer
Kosten Sorte II	für 1 Stück:	3,00 €	→	1,25	Äquivalenzziffer
Kosten Sorte III	für 1 Stück:	4,20 €	→	1,75	Äquivalenzziffer

Wie in Beispiel 1 wird auch hier von einer Sorte als Grundsorte (hier Sorte I) ausgegangen. Im Gegensatz zu Beispiel 1 werden hier die bereits ermittelten Kosten der anderen Sorten ins Verhältnis zu den Kosten der Grundsorte gebracht und die Unterschiede in Äquivalenzziffern ausgedrückt: Sorte I 1, Sorte II 1,25, Sorte III 1,75. Die Produktionsmengen werden mit den Äquivalenzziffern multipliziert und danach die Selbstkosten auf die Sorten verteilt.

Beispiel 3 **Kostenverteilung mit Äquivalenzziffern** (Werte aus Beispiel 1)

Ein Spanplattenbetrieb stellte im Abrechnungszeitraum 2 500 Platten der Sorte I her, 6 000 Platten der Sorte II, 4 000 Platten der Sorte III.

Äquivalenzziffern: Sorte I: 1, Sorte II: 2, Sorte III: 4.

Die Selbstkosten betrugen 335.500,00 €. Sie werden nach den Äquivalenzziffern verteilt.

Wie hoch sind die Selbstkosten je Sorte und je Stück?

Lösung

		Äquivalenz-ziffer	RE	Selbstkosten je Sorte	Selbstkosten je Stück
Sorte I	2 500 Stück	1	2 500	27.500,00 €	11,00 €
Sorte II	6 000 Stück	2	12 000	132.000,00 €	22,00 €
Sorte III	4 000 Stück	4	16 000	176.000,00 €	44,00 €
			30 500	335.500,00 €	
			1		11,00 €

Lösungsweg

① RE (rechnerische Einheiten) = hergestellte Menge · Äquivalenzziffer.

② Die Summe der rechnerischen Einheiten entspricht den Gesamtselbstkosten. Über die Selbstkosten für eine Rechnungseinheit kommen wir zu den Selbstkostenanteilen der beteiligten Sorten: **z. B. Sorte II:** Selbstkosten je Rechnungseinheit = 11,00 €; Sorte II = 12 000 RE : Selbstkostenanteil Sorte II = 12 000 · 11,00 € = 132.000,00 €.

③ Von den Selbstkosten je Sorte lässt sich auf die Selbstkosten je Stück der verschiedenen Sorten schließen, z. B. Sorte III:
Selbstkosten Sorte III = 176.000,00 € bei einer Menge von 4 000 Stück;
Selbstkosten je Stück der Sorte III: 176.000,00 € : 4 000 = 44,00 €.

④ Sollen lediglich die Selbstkosten je Stück ermittelt werden, so kann dies direkt mithilfe der Äquivalenzziffern geschehen:

Selbstkosten je RE	Sorte	Äquivalenzziffer	Selbstkosten je St.
11,00 €	I	1	11,00 € (1 · 11,00 €)
11,00 €	II	2	22,00 € (2 · 11,00 €)
11,00 €	III	4	44,00 € (4 · 11,00 €)

Kalkulation

Beispiel 4 **Ermitteln des Verkaufspreises** (Werte aus Beispiel 3)
Wie hoch ist der Verkaufspreis je Stück? Gewinn 10 %, Verkaufsskonto 2 %.

Lösung

	Sorte I	Sorte II	Sorte III
Selbstkosten je Stück	11,00 €	22,00 €	44,00 €
Gewinn 10 %	1,10 €	2,20 €	4,40 €
Barverkaufspreis	12,10 €	24,20 €	48,40 €
Skonto 2 %	0,25 €	0,49 €	0,99 €
Zielverkaufspreis	12,35 €	24,69 €	49,39 €

1 Ermitteln Sie die Äquivalenzziffern.

   a) Sorte I   Materialeinsatz für 1 Stück   60 kg
       Sorte II   Materialeinsatz für 1 Stück   72 kg
       Sorte III Materialeinsatz für 1 Stück   90 kg

   b) Sorte I   Kosten für 1 000 Stück   800,00 €
       Sorte II   Kosten für 1 000 Stück   960,00 €
       Sorte III Kosten für 1 000 Stück   1.040,00 €
       Sorte IV Kosten für 1 000 Stück   1.520,00 €

   c) Sorte I   Arbeitsstunden 210 000 für   700 t
       Sorte II   Arbeitsstunden 184 500 für   410 t
       Sorte III Arbeitsstunden 117 000 für   195 t
   Vergleich auf der Basis von 1 t.

2 Ein Werk stellte drei Sorten Kaminfliesen zu 3.060.000,00 € Selbstkosten her: Sorte I 600 000 Stück, II 400 000 Stück, III 100 000 Stück. Die Kosten sind entsprechend den Wertungsziffern zu verteilen: Sorte I 1,0; II 1,25; III 1,75.

Wie hoch sind die Selbstkosten je Sorte und für ein Stück?

3 Eine Brauerei stellte im Monat drei Sorten Bier zu 10.086.000,00 € Selbstkosten her:

Export .... 20 000 hl   Äquivalenzziffer 1,2
Pilsener .... 50 000 hl   Äquivalenzziffer 1,0
alkoholfrei .... 10 000 hl   Äquivalenzziffer 0,8

Wie hoch sind die Selbstkosten je Sorte und hl?

4 Ein Walzwerk walzte vier Profile mit 4.380.000,00 € Selbstkosten aus:

                  Äquivalenzziffer   Äquivalenzziffer
Profil A 4 000 t   0,9   Profil C 1 000 t   1,1
Profil B 2 000 t   1,0   Profil D 500 t   1,2

Stellen Sie die Selbstkosten je Profil und t fest.

5 Ein Steinbruch gewinnt zu 780.000,00 € Selbstkosten folgende Steinsorten: I Randsteine 800 m³, II Pflastersteine 2 000 m³, III Splitt 1 000 m³. Die Selbstkosten sind nach der aufgewandten Arbeitszeit je m³ zu verteilen.

a) Stellen Sie die Äquivalenzziffern fest.
  Sorte I   Arbeitszeit je m³ 10 Stunden
  Sorte II   Arbeitszeit je m³   8 Stunden
  Sorte III Arbeitszeit je m³   2 Stunden
b) Wie hoch sind die Selbstkosten je Sorte und je m³?
c) Wie hoch ist der Verkaufspreis je Sorte und je m³?
  Zu berücksichtigen sind: Gewinn 12 ½ %, Skonto 2 %.

6 Ein Unternehmen verkauft ein Gerät in Standard- und Luxusausführung. An Selbstkosten sind 76.500.000,00 € angefallen. Hergestellt wurden:

Standard 1 000 Stück Äquivalenzziffer 3
Luxus   3 500 Stück Äquivalenzziffer 4

Wie hoch sind die Selbstkosten je Modell und je Stück?

7 Eine Weberei stellte 40 000 m Jersey in drei Qualitäten zu 510.420,00 € Selbstkosten her. Auf Qualität S entfallen 60 %, M 25 %, G der Rest. Äquivalenzziffern: S 1, M 0,8, G 0,7.

a) Wie hoch sind die Selbstkosten je Qualität und m?
b) Wie hoch sind die Verkaufspreise je m?
  Gewinn: Qualität S 2,35 €, M 0,94 €, G ohne Gewinn; Skonto 3 %.

8 Eine Suppenwürze wird in Normal- und Großflasche angeboten. Die Material- und Fertigungskosten sind zu verteilen: 20 000 Großflaschen mit Äquivalenzziffer 24, 40 000 Normalflaschen mit Äquivalenzziffer 1. Die Kosten der Packerei, der Verwaltung und des Vertriebs sind zu verteilen: Großflasche Äquivalenzziffer 3, Normalflasche Äquivalenzziffer 1; Material- und Fertigungskosten 156.000,00 €, Packerei, Verwaltung und Vertrieb 50.000,00 €.

Wie hoch sind die Selbstkosten je Flasche?

9 Wie hoch sind die Selbstkosten je laufendem Meter der eloxierten Aluminium-Abdeckleisten?

Selbstkosten 392.000,00 €; Produktion: nicht eloxierte Leisten 12 500 m, eloxierte Leisten 2 500 m; Äquivalenzziffern: nicht eloxierte Leisten 1,0, eloxierte Leisten 1,4.

Kalkulation

10 Ein Werk stellt drei Herdtypen her. An Einzelkosten sind angefallen:

Typ I   180.000,00 € bei 1 200 Stück
Typ II 201.000,00 € bei   600 Stück
Typ III 80.000,00 € bei   400 Stück

Die Gemeinkosten in Höhe von 588.000,00 € sind entsprechend den Wertungsziffern zu verteilen:

Typ I   Äquivalenzziffer 10
Typ II Äquivalenzziffer 8
Typ III Äquivalenzziffer 7

a) Wie hoch sind die Selbstkosten je Typ und je Stück?
b) Wie hoch ist der Verkaufspreis je Typ?

	Gewinn	Skonto
I	30,00 €	3 %
II	47,92 €	3 %
III	12,5 %	3 %

8.2.2 Zuschlagskalkulation

Die Zuschlagskalkulation wird von Betrieben angewandt, die verschiedene, kostenmäßig voneinander abweichende Erzeugnisse (Einzel- und Serienfertigung) herstellen. Wegen der verschieden hohen Kostenanteile der Aufträge reicht die Divisionskalkulation nicht mehr aus, um die Selbstkosten je Auftrag festzustellen.

Die **Einzelkosten** sind exakt erfassbar und können dem jeweiligen Auftrag direkt zugerechnet werden.

Einzelkosten = direkt zurechenbare Kosten

- **Materialkosten (Materialverbrauch)**
  Der Verbrauch an Einzelteilen und Rohstoffen wird im Rahmen der Auftragsvorbereitung ermittelt und für den Einzelauftrag erfasst (Materialentnahmeschein).

- **Fertigungslöhne**
  Grundlage ist die erforderliche Arbeitszeit je Auftrag oder Arbeitsgang, die gleichfalls von der Arbeitsvorbereitung festgestellt wird.

- **Vertriebskosten**
  Skonto, Provision sowie Fracht und Verpackung sind für jeden einzelnen Auftrag erfassbar und können ihm jeweils zugerechnet werden (Sondereinzelkosten des Vertriebs).

Neben den Einzelkosten entstehen Kosten, die für alle Aufträge gemeinsam anfallen = **Gemeinkosten**. Gemeinkosten können dem Einzelauftrag nicht direkt zugerechnet werden. Sie werden vielmehr auf die einzelnen Kostenstellen verteilt (aufgeschlüsselt), durch die sie verursacht werden.

> **Gemeinkosten = nicht direkt zurechenbare Kosten**
>
> - **Materialgemeinkosten**
>   entstehen z. B. für Lagerräume, Lagerverwaltung, Versicherung und Einkauf.
> - **Fertigungsgemeinkosten**
>   entstehen z. B. als Stromkosten einer Werkstatt, Hilfsarbeiterlöhne, Hilfs- und Betriebsstoffe.
> - **Verwaltungsgemeinkosten**
>   entstehen als Kosten der Verwaltung für alle Aufträge eines Rechnungszeitraumes.
> - **Vertriebsgemeinkosten**
>   entstehen z. B. als Kosten für Werbung, Fuhrpark, Versand usw.

Je nach Inanspruchnahme der einzelnen Kostenstellen durch den einzelnen Auftrag werden die Gemeinkosten anteilig dem Einzelauftrag in einem Zuschlagssatz zugerechnet. In kleineren Betrieben genügt häufig der Zuschlag der Gemeinkosten in **einem** Zuschlagssatz auf die Einzelkosten.

8.2.2.1 Summarische Zuschlagskalkulation

Die summarische Zuschlagskalkulation wird in Betrieben eingesetzt, die mit **einem** Gemeinkostenzuschlag auskommen: Handwerks- und Industriebetriebe bis zu mittlerer Größe mit einheitlicher Rohstoffbasis wie Gießereien u. Ä. Zuschlagsgrundlage für die Gemeinkosten können sein:

- die **Werkstoffkosten allein,**
- die **Fertigungslöhne allein** (evtl. getrennt in Zuschlag für Hand- und Maschinenarbeit),
- die **Werkstoff- und Fertigungslöhne gemeinsam,**
- die **Werkstoff- und Fertigungslöhne mit getrenntem Zuschlag.**

Zuschlagsgrundlage für die Gemeinkosten ist die Kostenart, von der die Gemeinkosten überwiegend abhängig sind.

Kalkulation

Beispiel 1 **Errechnen des Zuschlagssatzes**

Wie hoch sind der Gemeinkostenzuschlagssatz und die Selbstkosten? Werkstoffkosten 24.000,00 €, Fertigungslöhne 62.000,00 €, Gemeinkosten 93.000,00 €, Bezugsbasis für den Gemeinkostenzuschlag sind die Fertigungslöhne.

Lösung

Werkstoffkosten	24.000,00 €	
Fertigungslöhne	62.000,00 €	
Einzelkosten	86.000,00 €	
Gemeinkosten	93.000,00 €	= 150 %
Selbstkosten	179.000,00 €	

$$\text{Zuschlagssatz} = \frac{93.000,00 \cdot 100}{62.000,00} = 150 \text{ \% Gemeinkostenzuschlag}$$

Beispiel 2 **Kalkulation mit Zuschlagssatz**

Für eine Elektroinstallation sind erforderlich: Fertigungslöhne 696,00 €, Material 320,00 €.

a) Wie hoch sind die Selbstkosten für diesen Auftrag? Gemeinkostenzuschlagssatz 150 % auf die Fertigungslöhne.

b) Wie hoch ist der Angebotspreis? 12,5 % Gewinn, 2 % Skonto.

Lösung zu a)

Materialkosten	320,00 €
Fertigungslöhne	696,00 €
Einzelkosten	1.016,00 €
Gemeink. 150 % a. Lohn	1.044,00 €
Selbstkosten	2.060,00 €

zu b)

Selbstkosten	2.060,00 €
Gewinn 12,5 %	257,50 €
Barangebotspreis	2.317,50 €
Skonto 2 %	47,30 €
Zielangebotspreis	2.364,80 €

Beispiel 3 **Getrennte Zuschlagssätze**

Ein Betrieb, der medizinische Instrumente herstellt, hat folgende Kosten:

Fertigungslöhne: Maschinenlöhne 90.000,00 €, Handarbeitslöhne 130.000,00 €; von den Gemeinkosten entfallen auf Maschinenlöhne 252.000,00 €, auf Handarbeitslöhne 156.000,00 €.

a) Wie hoch sind die Gemeinkostenzuschlagssätze für Maschinen- und Handarbeit?

b) Wie hoch sind die Selbstkosten für einen Auftrag über 200 Feststellklammern? Materialkosten 240,00 €, Maschinenlöhne 190,00 €, Handarbeitslöhne 310,00 €.

Lösung zu a)

Maschinen-Gemeinkostenzuschlag   280 % $\left(\dfrac{252.000,00 \cdot 100}{90.000,00}\right)$

Handarbeits-Gemeinkostenzuschlag   120 % $\left(\dfrac{156.000,00 \cdot 100}{130.000,00}\right)$

zu b)
Materialkosten		240,00 €
Fertigungskosten		
a) Maschinenkosten		
Maschinenarbeitslohn	190,00 €	
Maschinengemeinkosten 280 %	532,00 €	722,00 €
b) Handarbeitskosten		
Handarbeitslohn	310,00 €	
Handarbeitsgemeinkosten 120 %	372,00 €	682,00 €
Selbstkosten für 200 Stück		**1.644,00 €**

1 Wie hoch sind die Gemeinkostenzuschlagssätze?

	Materialkosten	Fertigungslohn	Gemeinkosten	bezogen auf
a)	80.200,00 €	120.600,00 €	72.360,00 €	Fertiglohn
b)	173.800,00 €	105.100,00 €	147.730,00 €	Material
c)	92.200,00 €	78.700,00 €	95.704,00 €	Material und Lohn
d)	65.400,00 €	91.600,00 €	4.578,00 €	Material
			84.272,00 €	Lohn
e)	56.000,00 €	Masch. 80.000,00 €	120.000,00 €	Maschinenlohn
		Hand. 120.000,00 €	60.000,00 €	Handarbeitslohn

2 Wie hoch sind die Selbstkosten?

	Materialkosten	Fertigungslohn	Gemeinkosten
a)	420,00 €	910,00 €	185 % auf Lohn
b)	710,00 €	340,00 €	135 % auf Material
c)	1.780,00 €	1.550,00 €	92 % auf Mat. u. Lohn
d)	830,00 €	1.260,00 €	8 % auf Material
			120 % auf Lohn
e)	18,60 €	33,10 €	147 % auf Mat. u. Lohn

3 In einer Maschinenfabrik entstehen folgende Kosten:

Material 72.000,00 €, Maschinenlöhne 270.000,00 €, Handarbeitslöhne 380.000,00 €. Von den Gemeinkosten entfallen auf Material 6.000,00 €, auf Maschinenlöhne 320.000,00 € und auf Handarbeitslöhne 230.000,00 €. Wie hoch sind die Gemeinkostenzuschlagssätze?

Kalkulation

4 Eine Gießerei erhält eine Anfrage, zu welchem Preis sie 2 800 Stück Flanschen-Durchgangsventile NW 100 aus Rotguss liefern kann. Wie hoch ist der Angebotspreis?

Materialkosten 3.528,00 €, Fertigungslohn für 100 Stück 395,00 €, Gemeinkostenzuschlag 141 % auf Material und Fertigungslohn; Gewinn 10 %, Skonto 2 %.

5 Wie viel Euro kostet die Ausstellungsvitrine zu Selbstkosten?

Holzverbrauch 1.770,00 €, sonstiges Material 468,00 €, Fertigungslöhne 1.640,00 €, Gemeinkostenzuschlag aufgrund der Zahlen der Vorperiode: Materialverbrauch 359.600,00 €, Fertigungslohn 520.000,00 €, Gemeinkosten (lohnabhängig) 364.000,00 €.

6 Wie hoch sind die Selbstkosten einer Eisenvergitterung?

Material: Stabeisen 2.100,00 €, Profileisen 1.540,00 €, sonstiges Material 1.260,00 €, Farben 220,00 €; Fertigungslöhne: Sägerei 650,00 €, Schlosserei 1.240,00 €, Dreherei 980,00 €, Montage 1.010,00 €, Sonstiges 640,00 €; Gemeinkostenzuschlag auf Materialverbrauch und Fertigungslöhne aufgrund der Zahlen des Vorjahres.

Zahlen des Vorjahres: Materialverbrauch 400.000,00 €, Fertigungslöhne 500.000,00 €, Gemeinkosten 918.000,00 €.

7 Wie viel Euro beträgt der Stundensatz je Fertigungsstunde?

Fertigungslöhne 427.935,00 € bei 18 210 Fertigungsstunden.
Gemeinkosten 702.418,00 € (GK-Zuschlagssatz: 1. Dezimalstelle).
Wagnis und Gewinn 5 %.

8.2.2.2 Ein- und mehrstufige differenzierte Zuschlagskalkulation

Zuschläge nach Kostenstellen

Die differenzierte Zuschlagskalkulation wird bei Betrieben mit differenzierter Herstellung angewandt. Die einzelnen Aufträge durchlaufen unterschiedlich den Betrieb und belasten verschieden stark die Betriebsbereiche mit Gemeinkosten. Deshalb bildet man für die Hauptbetriebsbereiche, entsprechend der betrieblichen Funktionen, Kostenstellen: **Material – Herstellung – Verwaltung – Vertrieb**. Die Gemeinkosten werden auf die einzelnen Kostenstellen verteilt und für jede Kostenstelle wird ein Gemeinkostenzuschlagssatz ermittelt.

Einstufige differenzierte Zuschlagskalkulation

Bei der einstufigen Zuschlagskalkulation begnügt man sich mit der Verteilung der Gemeinkosten auf die 4 Hauptkostenstellen Material, Fertigung, Verwaltung, Vertrieb. Für diese 4 Kostenstellen werden gesondert Gemeinkostenzuschlagssätze ermittelt.

Für die Kalkulation bedeutet die Gemeinkostenaufteilung, dass neben den Einzelkosten die entsprechenden Gemeinkosten erscheinen. Dadurch entsteht folgendes

Kalkulationsschema:

Materialkosten
1. Materialverbrauch .... _____ €
2. Materialgemeinkosten (MGK) ... % .... _____ €   _____ €

Fertigungskosten
1. Fertigungslohn .... _____ €
2. Fertigungsgemeinkosten (FGK) ... % .... _____ €
3. Sondereinzelkosten der Fertigung .... _____ €   _____ €

Herstellkosten .... _____ €
Verwaltungsgemeinkosten (VwGK) ... % .... _____ €
Vertriebskosten
1. Vertriebsgemeinkosten (VtGK) ... % .... _____ €
2. Sondereinzelkosten des Vertriebs .... _____ €   _____ €

Selbstkosten .... _____ €
Gewinn (auf Selbstkosten) .... _____ €

Barangebotspreis .... _____ €
Skonto .... _____ €
Provision .... _____ €

Zielangebotspreis .... _____ €
Rabatt .... _____ €

Listenangebotspreis .... _____ €

Kalkulation

Beispiel **Angebotskalkulation**

Aufgrund einer Anfrage erstellen wir ein Angebot. Kosten für den Auftrag: Materialverbrauch 1.000,00 €, Fertigungslöhne 3.200,00 €, Sondereinzelkosten der Fertigung 320,00 €; Gemeinkosten (aus BAB) MGK 12,5 %, FGK 140 %, VwGK 8,8 %, VtGK 6,9 %; außerdem sind zu berücksichtigen: Sondereinzelkosten des Vertriebs 164,00 €, Gewinn 10 %, Skonto 2 %, Provision 8 %, Rabatt 10 %. Wie hoch ist der Angebotspreis?

Lösung **Materialkosten**

1. Materialverbrauch	1.000,00 €	
2. MGK 12,5 % (auf Materialverbrauch)	125,00 €	1.125,00 €
Fertigungskosten		
1. Fertigungslöhne	3.200,00 €	
2. FGK 140 % (auf Fertigungslöhne)	4.480,00 €	
3. Sondereinzelkosten	320,00 €	8.000,00 €
Herstellkosten		9.125,00 €
VwGK 8,8 % (auf Herstellkosten)		803,00 €
Vertriebskosten		
VtGK 6,9 % (auf Herstellkosten)	629,63 €	
Sondereinzelkosten	164,00 €	793,63 €
Selbstkosten		10.721,63 €
Gewinn 10 % (auf Selbstkosten)		1.072,16 €
Barangebotspreis		11.793,79 €
Skonto 2 % (i. H.)		262,08 €
Provision 8 % (i. H.)		1.048,34 €
Zielangebotspreis		13.104,21 €
Rabatt 10 % (i. H.)		1.456,02 €
Listenangebotspreis		14.560,23 €

Bei gleicher Zuschlagsgrundlage (hier: Herstellkosten) können VwGK und VtGK auch in einem Satz zugeschlagen werden (hier: 8,8 % + 6,9 % = 15,7 % auf Herstellkosten).

1 Stellen Sie den Angebotspreis fest.

	Material	Fertig.lohn	MGK	FGK	VwGK	VtGK	Gew.	Skonto	Prov.
a)	910,00 €	824,00 €	7 %	160 %	9 %	11 %	5 %	3 %	10 %
b)	39,15 €	104,20 €	4 %	95 %	5 %	8 %	10 %	2 %	4 %

2 Wir sollen ein Angebot für die Erstellung einer Saugheberanlage (ohne Motor) abgeben. Die Arbeitsvorbereitung hat an Einzelkosten errechnet:
Materialverbrauch 2.660,00 €, Fertigungslöhne 3.650,00 €. An Gemeinkosten werden berechnet: MGK 10 %, FGK 140 %, VwGK 8 %, VtGK 15 %. Außerdem sind zu berücksichtigen: Gewinn 12,5 %, Skonto 2 %.
Wie hoch ist der Angebotspreis?

3 Stellen Sie die Selbstkosten für folgenden Auftrag fest.
Materialverbrauch 640,00 €, Fertigungslöhne 814,00 €.

Gemeinkosten des letzten Rechnungszeitraumes (Zuschlagssätze 1 Kommastelle):
Material .... 57.400,00 €   Verwaltung .... 510.000,00 €
Fertigung .... 1.920.000,00 €   Vertrieb .... 720.000,00 €

Einzelkosten des letzten Rechnungszeitraumes:
Material .... 820.000,00 €   Fertigungslohn ..... 1.200.000,00 €

Bestandsveränderungen:[1]
Unfertige Erzeugnisse +110.000,00 €   Fertige Erzeugnisse +20.000,00 €

4 Wie hoch ist der Angebotspreis für ein Ventil?

Materialeinsatz 35,00 €, MGK 3,5 %; Fertigungslöhne 161,00 €, FGK 180 %, Sondereinzelkosten der Fertigung 9,10 €; VwGK und VtGK 21 %; Gewinn 12,5 %, Skonto 3 %.

5 Wie hoch ist der Angebotspreis für eine Wasseraufbereitungsanlage?

Materialkosten: Bleche 934,10 €, Stabeisen 190,40 €, Röhren 381,50 €, sonstiges Material 205,70 €; Fertigungslöhne 4.311,90 €. Gemeinkosten: MGK 7,5 %, FGK 131 %, VwGK 13 %, VtGK 9 %. Wagnis und Gewinn 7 %, Skonto 3 %.

6 Eine Spinnerei fragt an, zu welchem Preis die Spule SK/4 geliefert werden kann. Die Kalkulation für 100 Spulen ergibt: Material 264,10 €, Fertigungslöhne 198,60 €, MGK 6 %, FGK 152 %, VwGK und VtGK 22 %, Gewinn 12 %, Skonto 3 %.

a) Wie hoch ist der Angebotspreis für 100 Stück?
b) Wie hoch ist der Angebotspreis für 5 000 Stück, wenn sich durch diese Auftragsgröße die Selbstkosten um 5 % verringern?
c) Wie hoch ist der Mengenrabatt in Prozent (auf volle Prozent aufrunden), wenn 5 000 Stück bestellt werden und der alte Angebotspreis für 100 Stück zugrunde gelegt wurde? (vgl. a)
d) Wie hoch ist die unterste Grenze des Angebotspreises für 100 Stück, wenn auf den Gewinn verzichtet werden soll? (Der Auftrag soll wegen Auftragsmangels auch zu einem niedrigeren Preis hereingenommen werden.)

7 Wie hoch ist der Angebotspreis für eine Filteranlage?

Material 1.315,00 €, Erlös aus Abfallverwertung 80,75 €, Fertigungslöhne 1.798,40 €, Sondereinzelkosten der Fertigung 230,68 €, Gewinn 5 %, Skonto 3 %. Die Gemeinkostenzuschlagssätze sind aus den Zahlen der Buchführung des 1. Vierteljahres zu ermitteln: Materialverbrauch 800.000,00 €, Fertigungslöhne 1.200.000,00 €, MGK 40.000,00 €, FGK 1.560.000,00 €, VwGK 320.000,00 €, VtGK 400.000,00 €, keine Bestandsveränderungen, Prozentsätze auf volle Prozent aufrunden.

---
1 siehe Seite 113

8 Eine Schreinerei bietet einem Versandhaus eine Garderobe an. Wie hoch ist der Angebotspreis, wenn folgende Kosten entstehen?

Material: 2 Latten 220 x 10 cm, 14 Latten 100 x 9 cm aus Pressspanplatte zu 8,30 € je m², Verschnitt 10 % vom Nettomaterialeinsatz, Furnier 2,25 m² zu 12,10 € je m², 4 Mantel- und Huthaken zu 1,95 € je Stück, Schirmhalterung 2,65 €, Leim 1,35 €, ½ kg Mattierung 1,65 €, MGK 5 %; Fertigungskosten: Fertigungslohn: Maschinenraum 15,60 €, Bankraum 16,80 €, Furnierraum 24,00 €, Zusammenbau 1,80 €, FGK 160 %; VwGK und VtGK 11 %, Gewinn 9 %, Skonto 1 %.

9 Zur Bearbeitung eines Pumpengehäuse-Gussrohlings sind von der Arbeitsvorbereitung folgende Arbeitsgänge festgesetzt worden:

a) komplett drehen einschließlich Futter egalisieren, Rüstzeit 40 Minuten, Stückzeit 83 Minuten;
b) Druckflansch fräsen, Rüstzeit 15 Minuten, Stückzeit 12,5 Minuten;
c) Bohren, Anflächen und Gewindeschneiden, Rüstzeit 15 Minuten, Stückzeit 62 Minuten;
d) Putzen und Entgraten, Stückzeit 5,4 Minuten;
e) mit Saugdeckel zusammenschrauben und fertigen zum Abpressen, Stückzeit 15 Minuten;
f) Abpressen (in den Gemeinkosten abgegolten);
g) nach Druckprobe auseinanderbauen, reinigen und konservieren, Stückzeit 6 Minuten.

Lohnsätze: a), b) und c): 22,80 € je Std.; d), e) und g): 21,00 € je Std. Gemeinkostenzuschlag 192,5 %.

Wie hoch sind die Fertigungskosten dieser Kostenstelle für die Bearbeitung eines Pumpengehäuses?

10 Für die Reparaturabteilung (allgemeine Kostenstelle) ergaben sich folgende Kosten: 5 Reparaturschlosser und -elektriker (insgesamt) im Monat mit 176 Arbeitszeitstunden je Mitarbeiter zu 21,20 € je Stunde. Aus dem BAB ergibt sich ein Gemeinkostenanteil von 14.589,00 €.

a) Wie hoch ist der Gemeinkostenzuschlagssatz für die Kostenstelle?
b) Wie hoch ist der innerbetriebliche Verrechnungspreis für eine Reparaturstunde? Durchschnittliche Reparaturleistung 125 Stunden je Beschäftigtem.
c) Wie hoch ist der Umlageanteil dieses Monats für die Kostenstelle Vertrieb? Es wurden 67,5 Reparaturstunden in Anspruch genommen.

Mehrstufige differenzierte Zuschlagskalkulation

Mehrere Fertigungsstellen. Bei differenzierten Leistungen eines Betriebes genügt die Einrichtung von nur **einer** Fertigungskostenstelle nicht. Aufträge, die die Leistungen der Kostenstelle Fertigung unterschiedlich in Anspruch nehmen, würden mit gleich hohen Fertigungsgemeinkosten belastet werden. Deshalb teilt man die Fertigungskostenstelle auf, z. B. in Materialzurichtung, Dreherei, Bohrerei, Schleiferei, Schlosserei, Zusammenbau. Die Fertigungsgemeinkosten werden diesen Fertigungskostenstellen getrennt zugeschlagen, sodass für sie eigene Gemeinkostenzuschlagssätze aufgrund der ermittelten Fertigungslöhne je Kostenstelle errechnet werden können.

Fertigungshilfskostenstellen. Es handelt sich um Kostenstellen, die Hilfsleistungen für die Hauptkostenstellen der Fertigung erbringen. Zu ihnen gehören z. B. das Konstruktionsbüro, die Arbeitsvorbereitung, der Modell- und Werkzeugbau u. Ä. Zunächst werden die anteiligen Gemeinkosten auf den Hilfskostenstellen gesammelt, dann aber **auf die Kostenstellen der Fertigung anteilmäßig umgelegt.** Dadurch erhöht sich der Gemeinkostenanteil der Fertigungskostenstellen.

Allgemeine Kostenstellen. Sie gehören zu den Kostenstellen, die nicht direkt an der betrieblichen Leistungserstellung beteiligt sind, sondern für andere Kostenstellen Leistungen erbringen. Sie werden als allgemeine Kostenstellen geführt. Dazu gehören z. B. Reparaturwerkstatt, Kantine, Kraftanlage, Gesundheitsdienst. Diese allgemeinen Kostenstellen werden gesondert geführt und erhalten ihren Gemeinkostenanteil wie die übrigen Kostenstellen. Da die Aufträge diese Kostenstellen nicht durchlaufen, können die Gemeinkosten der Betriebsleistung nicht direkt zugeschlagen werden. Deshalb werden die Gemeinkosten zunächst auf den allgemeinen Kostenstellen gesammelt, um dann auf alle anderen Kostenstellen umgelegt zu werden (aufschlüsseln). So werden sie Bestandteil der Gemeinkostenzuschläge.

Beispiel **Angebotskalkulation**

Für die Herstellung eines Schaltgehäuses werden berechnet:
Materialverbrauch 480,00 €, MGK 15 %; Fertigungskosten: Vorrichterei Löhne 100,00 €, FGK 200 %; Formerei Löhne 40,00 €, FGK 170 %; Schlosserei Löhne 340,00 €, FGK 120 %; Zusammenbau Löhne 220,00 €, FGK 100 %; Sondereinzelkosten der Fertigung 70,00 €; VwGK und VtGK 18,5 %, Sondereinzelkosten des Vertriebs 120,00 €; Gewinn 12 %, Skonto 2 %. Wie hoch ist der Angebotspreis?

Kalkulation

Lösung

Materialkosten			
1. Materialverbrauch		480,00 €	
2. MGK 15 %		72,00 €	552,00 €
Fertigungskosten			
1. Fertigungslohn Vorrichterei	100,00 €		
FGK 200 %	200,00 €	300,00 €	
2. Fertigungslohn Formerei	40,00 €		
FGK 170 %	68,00 €	108,00 €	
3. Fertigungslohn Schlosserei	340,00 €		
FGK 120 %	408,00 €	748,00 €	
4. Fertigungslohn Zusammenbau	220,00 €		
FGK 100 %	220,00 €	440,00 €	
5. Sondereinzelkosten der Fertigung		70,00 €	1.666,00 €
Herstellkosten			2.218,00 €
Verwaltungs- und Vertriebskosten			
1. VwGK und VtGK 18,5 %		410,33 €	
2. Sondereinzelkosten des Vertriebs		120,00 €	530,33 €
Selbstkosten			2.748,33 €
Gewinn 12 %			329,80 €
Barverkaufspreis			3.078,13 €
Skonto 2 %			62,82 €
Angebotspreis/Zielverkaufspreis			3.140,95 €

1 Stellen Sie die Selbstkosten fest.

Material	MGK	Fertigungsstellen						Sonder-einzel-kosten der Fertig.	VwGK	VtGK	Sonder-einzel-kosten des Ver-triebs
		I		II		III					
		Fertig.-lohn	FGK	Fertig.-lohn	FGK	Fertig.-lohn	FGK				
a) 4.690,00 €	5 %	812,00 €	180 %	3.920,00 €	165 %	810,00 €	170 %	102,10 €	10 %	15 %	60,00 €
b) 2.065,00 €	6 %	340,00 €	135 %	987,00 €	220 %	365,00 €	105 %	–	9 %	7 %	61,10 €
c) 91,50 €	7 %	46,20 €	247,5 %	83,10 €	182,7 %	28,30 €	268 %	–	11 %	15 %	–

2 Berechnung für eine Unfallverhütungsvorrichtung: Material und Einzelteile 835,40 €, MGK 3,5 %, Gutschrift für Abfallverwertung 16,00 €; Fertigungskosten: Kostenstelle I Fertigungslohn 110,00 €, FGK 181 %; II Fertigungslohn 180,00 €, FGK 158 %; III Fertigungslohn 70,00 €, FGK 390 %; IV Fertigungslohn 220,00 €, FGK 195,5 %; VwGK 14,4 %, VtGK 9,5 %; Gewinn 11 %; Skonto 3 %; Fracht bis Empfangsstation 74,50 €.

Wie lautet der Angebotspreis frei Station dort?

3 Eine Gießerei erhält eine Anfrage, zu welchem Preis 2 600 Getriebewellen geliefert werden können. Kalkulation: je Welle 15 kg Rohstoff zu 0,28 € je kg, 35 % Zuschlag für Gussabfälle, MGK 2 %, Gutschrift für Schrottverwendung 32 % einschl. MGK; Fertigungskosten: Kostenstelle A Fertigungslohn 1.110,00 €, FGK 47 %; B Fertigungslohn 8.020,00 €, FGK 168 %; C FGK 180 % auf Bruttomaterialeinsatz; D Fertigungslohn 402,00 €, FGK 140 %; VwGK und VtGK 10.230,24 €; Gewinn 5.967,64 €; Skonto 1 %.
Wie hoch ist der Angebotspreis?

4

	Einzelkosten	Gemeinkosten	
Materialkosten	700,00 €	5	%
Fertigungskosten			
Kostenstelle I Fertigungslohn	1.000,00 €	139	% auf Lohn
Kostenstelle II Fertigungslohn	300,00 €	80	% auf Material
		35	% auf Lohn
Kostenstelle III Fertigungslohn	260,00 €	1,05 € je kg für 250 kg	
Kostenstelle IV Fertigungslohn	790,00 €	12,5	Maschinenstunden zu 108,40 € je Std.
Kostenstelle V Fertigungslohn	320,00 €	30	Handarbeitsstunden zu 25,50 € je Std.
Sondereinzelkosten	130,00 €		

VwGK 15 % auf Fertigungskosten, VtGK 5 % auf Herstellkosten, Gewinn 5,5 %, Skonto 2 %. Wie hoch ist der Angebotspreis?

5 Prüfen Sie das Angebot für ein Brückengeländer auf rechnerische Richtigkeit.
Materialkosten
  Materialbedarf lt. Materialkarte .... 420,00 €
  Verschnitt 10 % .... 42,00 €   462,00 €
  MGK 15 % .... 69,30 €   531,30 €
Fertigungskosten
  Kostenstelle Werkstatt
  Fertigungslohn 37,5 Std. zu 48,00 €/Std. 1.800,00 €
  FGK 240 % .... 4.320,00 €   6.120,00 €
  Kostenstelle Bau
  Fertigungslohn 7,5 Std. zu 40,00 €/Std. . 300,00 €
  FGK 130 % .... 390,00 €   690,00 €   6.810,00 €

Herstellkosten	7.341,30 €
Vw-/VtGK 25 %	1.835,33 €
Selbstkosten	9.176,63 €
Wagnis und Gewinn 4 %	367,07 €
Angebotspreis	9.543,70 €

8.2.2.3 Zuschlagskalkulation mit Maschinenstundensätzen

Bei anlageintensiver Fertigung ist der Fertigungslohn im Verhältnis zu den Gemeinkosten sehr gering. Die Folge davon sind sehr hohe Zuschlagssätze für Gemeinkosten. Bei geringen Änderungen der Zuschlagsgrundlage (z. B. Lohnerhöhungen) ergeben sich starke Gemeinkostenverzerrungen. Große Kostenverzerrungen treten auch ein, wenn die Arbeitsplätze einer Kostenstelle unterschiedlich hohe Gemeinkosten verursachen und wenn diese Arbeitsplätze von den Kostenträgern nicht gleichmäßig in Anspruch genommen werden. Diese Nachteile werden durch die Kalkulation mit Maschinenstundensätzen vermieden. Außerdem bieten die Maschinenstundensätze eine Grundlage für die Kontrolle der maschinenabhängigen Kosten.

Grundlagen für die Kalkulation mit Maschinenstundensätzen:

Die **maschinenabhängigen Fertigungsgemeinkosten** werden mit einem **Maschinenstundensatz in Euro** verrechnet. Die **maschinenunabhängigen Fertigungsgemeinkosten** bzw. **Restgemeinkosten** werden grundsätzlich wie bisher über einen Zuschlagssatz auf die Fertigungslöhne oder auch über einen Gemeinkosten-Stundensatz wie die maschinenabhängigen Gemeinkosten verrechnet.

② **Soll-Laufstunden je Maschine bzw. Maschinengruppe**

Als **Soll-Laufstunden** je Jahr wird die optimal erreichbare Laufstundenzahl nach Abzug der Zeiten für Pflege, Wartung, Instandhaltung und -setzung, Stromausfall, ebenso Ausfälle des Bedienenden (durch Krankheit, Urlaub) angenommen. Beim Einschichtbetrieb ergeben sich rund 1 800 Stunden im Jahr (Stück- und Rüstzeiten). Werden mehrere kostenähnliche Maschinen zu einer Kostengruppe zusammengefasst, so ergeben die Soll-Laufstunden aller Maschinen die Gesamtlaufstunden der Maschinengruppe.

Beispiel 1 **Feststellung des Maschinenstundensatzes**

Ermittlung der **maschinenabhängigen Fertigungsgemeinkosten** auf einer Maschinenstunden-Satzkarte (nach VDMA) für eine Kegelradhobelmaschine (Wiederbeschaffungswert 260.000,00 €, Nutzungsdauer 5 Jahre), Nutzung eineinhalbschichtig: 240 Nutzungstage im Jahr, Schichtdauer 8 Stunden, Ausfallzeiten für Reparaturen und Wartung 180 Stunden. Die Raumkosten der Kostenstellen (15 m²) werden je m² mit 36,00 €/Monat kalkuliert. Die kalkulatorischen Abschreibungen ergeben sich aus dem Wiederbeschaffungswert und der Nutzungsdauer insgesamt und je Jahr. Kalkulatorische Zinsen: 6 % vom ½ Wiederbeschaffungswert je Nutzungsjahr. Instandhaltung: 2,5 % der Jahresabschreibung; Energiekosten: 7,70 € je Std.; Werkzeugkosten: 6,20 je Std.

Maschinenstundensatzkarte

Kostenfaktoren/ Kosten	Berechnungsgrundlagen		Berechnung	€/Std.
Wiederbeschaffungswert (WBW)		260.000,00 €		
Nutzungsdauer	Jahre	5		
Raumanteil	m²/Mon.	15 zu je 36,00 €		
Soll-Laufstunden	Jahr	2 700	(240 · 12) − 180	
kalk. Abschreibungen	Jahresrate	$\dfrac{\text{Wiederbeschaffungswert}}{\text{Nutzungsdauer} \cdot 2\,700 \text{ Std.}}$	$\dfrac{260\,000{,}00}{5 \cdot 2\,700}$	19,26
kalk. Zinsen	6 %	$\dfrac{6\ \%\ \text{v. ½ WBW}}{2\,700\ \text{Std.}}$	$\dfrac{130\,000{,}00 \cdot 6}{100 \cdot 2\,700}$	2,89
Instandhaltung	Plansatz v. WBW	$\dfrac{2{,}5\ \%\ \text{v. WBW}}{2\,700\ \text{Std.}}$	$\dfrac{260\,000{,}00 \cdot 2{,}5}{100 \cdot 2\,700}$	2,41
Raumkosten	m²-Satz	$\dfrac{\text{Raumanteil} \cdot \text{Jahressatz}}{2\,700\ \text{Std.}}$	$\dfrac{15 \cdot 36{,}00 \cdot 12}{2\,700}$	2,40
Energiekosten		nach Verbrauch		7,70
Werkzeugkosten		nach Berechnung		6,20
Maschinenstundensatz (maschinenabhängige Gemeinkosten je Stunde)				**40,86**

Kalkulation

Beispiel 2 **Maschinenstundensätze und Restgemeinkosten**

Eine Dreherei ermittelt die Fertigungskosten je Maschinenstunde für den Monat April. Dabei entstanden Fertigungslöhne (direkte Lohnkosten) von insgesamt 31.300,00 €.

Maschinengruppenaufteilung und Restgemeinkosten:

Gemeinkostenart		Kleinautomaten	Großautomaten	Restgemeinkosten
Gemeinkostenmaterial	4.800,00 €	1.800,00 €	2.200,00 €	800,00 €
Energiekosten	22.300,00 €	5.000,00 €	16.000,00 €	1.300,00 €
Gemeinkostenlöhne	14.000,00 €			14.000,00 €
Sozialkosten	45.000,00 €			45.000,00 €
Instandhaltung	4.300,00 €	1.500,00 €	2.500,00 €	300,00 €
Steuern, Vers., Beitr.	2.700,00 €			2.700,00 €
versch. Kosten	5.900,00 €			5.900,00 €
Abschreibungen	8.000,00 €	1.500,00 €	4.500,00 €	2.000,00 €
kalk. Raumkosten	2.100,00 €	400,00 €	1.100,00 €	600,00 €
kalk. Zinsen	3.000,00 €	700,00 €	1.800,00 €	500,00 €
Werkzeugverbrauch	3.500,00 €	1.000,00 €	2.500,00 €	–
Gemeinkosten	115.600,00 €	11.900,00 €	30.600,00 €	73.100,00 €
Laufstunden		740	512	

Lösung

Maschinenstundensatz		16,08 €	59,77 €
Restgemeinkosten je Fertigungsstunde auf Fertigungslohn		58,39 €	58,39 €
Gemeinkosten je Maschinenstunde		74,47 €	118,16 €
Fertigungslohn je Maschinenstunde		25,00 €	25,00 €
Fertigungskosten je Maschinenstunde		99,47 €	143,16 €

Lösungsweg

1. Errechnen der Maschinenstundensätze

- Kleinautomaten $\dfrac{\text{Gemeinkosten}}{\text{Laufstunden}} = \dfrac{11.900{,}00 \text{ €}}{740} = \underline{\underline{16{,}08 \text{ €}}}$

- Großautomaten $\dfrac{\text{Gemeinkosten}}{\text{Laufstunden}} = \dfrac{30.600{,}00 \text{ €}}{512} = \underline{\underline{59{,}77 \text{ €}}}$

2. Errechnen der Lohnkosten je Fertigungsstunde

$\dfrac{\text{direkte Lohnkosten}}{\text{gesamte Laufkosten}} = \dfrac{31.300{,}00 \text{ €}}{1\,252} = \underline{\underline{25{,}00 \text{ €}}}$

(Fortsetzung auf Seite 136)

(Fortsetzung von Seite 135)

3. Errechnen des Restgemeinkostensatzes auf Fertigungslohn

$$\frac{\text{Restgemeinkosten} \cdot 100}{\text{Fertigungslohn}} = \frac{73.100,00 \text{ €} \cdot 100}{31.300,00 \text{ €}} = \underline{\underline{233,55 \text{ \%}}} \text{ von } 25,00 \text{ € je}$$

F.-Stunde = $\underline{\underline{58,39 \text{ €}}}$

oder:

$$\frac{\text{Restgemeinkosten}}{\text{Gesamte Laufstunden}} = \frac{73.100,00 \text{ €}}{1252} = \underline{\underline{58,39 \text{ €}}}$$

1 Stellen Sie für die Maschinen A, B und C fest:
a) die maschinenabhängigen Einzelkosten je Maschinenstunde,
b) die maschinenabhängigen Gemeinkostenstundensätze,
c) die Fertigungskosten je Maschinenstunde. (Lohn 24,00 € je Std., Restgemeinkosten 150 %)

Berechnungsdaten		Maschinen		
	Einheit	A	B	C
Wiederbeschaffungswert	€	36.000,00	82.000,00	198.000,00
Nutzungsdauer	Jahre	12	10	10
kalk. Zinssatz	% v. ½ WBW	7	7	7
Instandhaltungsfaktor	v. Abschr.	0,5	0,5	0,5
Platzbedarf	m²	10	14	25
Raumkosten	€/m²/Jahr	78,00	78,00	78,00
Stromkosten	€	1.764,00	4.392,00	8.802,00
Soll-Laufstunden je Jahr	h	1800	1800	1800

2 Für die Werkstatt Spritzgießerei soll der Maschinenstundensatz festgestellt werden.
Die 6 Maschinen wurden zu einem Gesamtpreis von 480.000,00 € angeschafft. Der Wiederbeschaffungspreis wird mit 95.000,00 € je Maschine angenommen. Die Nutzungsdauer wird auf 10 Jahre geschätzt; wegen der Nutzung in 2 Schichten ist die Nutzungsdauer um 30 % zu kürzen. Die kalkulatorischen Zinsen betragen 8 % vom halben Wiederbeschaffungswert. Als Kosten für Instandhaltung werden 40 % der kalk. Abschreibungen angesetzt. Der Raumanteil beträgt insgesamt 120 m², der Raumkostensatz 4,50 € je m² und Monat. Der Stromeinsatz wurde mit 1,44 €/Std. kalkuliert. Die jährliche Nutzungszeit beträgt 240 Nutzungstage, die tägliche Arbeitszeit 8 Std. je Schicht. Die Ausfallzeit wird auf jährlich 350 Arbeitsstunden je Schicht geschätzt.

3 Berechnen Sie für eine Laser-Schweißanlage die Maschinenkosten je Stunde.

Wiederbeschaffungswert der Anlage 320.000,00 €,
betriebsgewöhnliche Nutzungsdauer 8 Jahre, Abschreibung linear,
durchschnittliche Laufzeit je Jahr: 1800 Stunden.

kalk. Abschreibung je Maschinenstunde : $\dfrac{\text{jährliche Abschreibung}}{\text{Maschinenstunden je Jahr}}$

kalk. Zinsen (8 %) je Maschinenstunde : $\dfrac{\text{½ Wiederb'wert} \cdot \text{Zinssatz}}{100 \cdot \text{Maschinenlaufst. je Jahr}}$

Instandhaltungskosten je Jahr: 4.800,00 €
Raumkosten: Raumbedarf 30 m², Raumkostensatz je Monat 20,00 €/m²
Stromkosten: 4,20 €/Std.

4 Stellen Sie fest:

a) die maschinenabhängigen Gemeinkostenstundensätze;
b) die Zuschlagssätze für die Restgemeinkosten,
  – bezogen auf den Fertigungslohn in Prozent,
  – bezogen auf die Maschinenstunden in Euro;
c) die Fertigungskosten je Maschinenstunde (Maschinenstundensatz).

Kostenart	Fertigungskostenstellen/Kosten 1. Quartal				
	Maschinengruppe A		Maschinen B I und B II		
	maschinen-abhängige GK	Rest-gemein-kosten	B I masch'ab. GK	B II masch'ab. GK	Rest-gemein-kosten
Hilfsstoffe		3.000,00 €			700,00 €
Betriebsstoffe	700,00 €	400,00 €	100,00 €	110,00 €	
Energiekosten	3.600,00 €	900,00 €	600,00 €	820,00 €	300,00 €
Hilfslöhne		2.200,00 €			1.500,00 €
Gehälter		2.400,00 €			900,00 €
Sozialkosten		6.300,00 €			4.900,00 €
Instand-haltung	2.400,00 €	600,00 €	1.400,00 €	1.630,00 €	700,00 €
Betriebs-steuern		1.800,00 €			1.400,00 €
Raumkosten	2.500,00 €	2.700,00 €	500,00 €	950,00 €	400,00 €
Abschrei-bungen	12.600,00 €	1.100,00 €	2.000,00 €	4.060,00 €	700,00 €
kalk. Zinsen	6.300,00 €	700,00 €	1.100,00 €	2.030,00 €	300,00 €
sonstige Kosten		3.500,00 €			1.100,00 €
Maschinenstunden	1 350		450	450	
Maschinenstundenlohn	20,00 €		24,00 €	24,00 €	

Beispiel 3 **Kalkulation mit Maschinenstundensätzen**

Für einen Rollenförderer werden folgende Kosten berechnet:
Materialkosten: Materialverbrauch 840,00 €, MGK 5 %;

Fertigungskosten:
Maschinenabhängige Kosten je Maschinenstunde:
Stanzen: 7,5 Std. zu 16,00 €   Schweißen: 5 Std. zu 26,00 €
Formen: 6 Std. zu 20,00 €   Putzen: 2,5 Std. zu 34,00 €

Maschinenlöhne: 21 Std. zu 25,00 € je Lohnstunde

Restgemeinkosten: 180 % auf Fertigungslohn

Montagekosten: 4 Montagestunden zu 23,00 € je Stunde

Gemeinkosten je Montagestunde: 27,00 €

Verwaltungs- und Vertriebsgemeinkosten: 15 %

Wie hoch sind die Selbstkosten für diesen Auftrag?

Lösung

Materialkosten				
Materialverbrauch		840,00 €		
MGK 5 %		42,00 €		882,00 €
Fertigungskosten				
Maschinenarbeiten				
Maschinengemeinkosten:				
Stanzen	120,00 €			
Formen	120,00 €			
Schweißen	130,00 €			
Putzen	85,00 €	455,00 €		
Fertigungslohn		525,00 €		
Restgemeinkosten 180 % a. Lohn		945,00 €	1.925,00 €	
Montagekosten				
Fertigungslohn		92,00 €		
FGK 27,00 €/Std.		108,00 €	200,00 €	2.125,00 €
Herstellkosten				3.007,00 €
Vw- und VtGK 15 %				451,05 €
Selbstkosten				<u>3.458,05 €</u>

Kalkulation

5 Stellen Sie die Herstell- bzw. Selbstkosten fest.

	a)	b)	c)
Materialverbrauch	4.500,00 €	160,00 €	10,35 €
MGK	8 %	5,5 %	12 %
Fertigungslöhne je Std.	138 Std./24,00 €	15 Std./25,00 €	28 Min./26,00 €
FGK	140 %	160 %	180 %
Maschine A	32 Std./36,00 €	4 Std./15,50 €	4 Min./36,00 €
Maschine B	84 Std./21,00 €	1,5 Std./12,60 €	7 Min./30,60 €
Maschine C	15 Std./12,00 €	6,25 Std./18,40 €	12 Min./25,20 €
Maschine D	7 Std./55,00 €	2,10 Std./21,50 €	5 Min./44,40 €
Montage- Löhne	6 Std./23,00 €	0,75 Std./29,60 €	
Rest-FGK auf Lohn	110 %	125 %	
Vw- und VtGK	20 %	18 %	

6 Ermitteln Sie die Herstellkosten eines Ersatzteils.

Materialkosten: Verbrauch an Rohstoffen und fertigen Teilen 510,00 €, MGK 10 %

Fertigungskosten: Fertigungslöhne 15,5 Std. zu 24,00 €/Std.
Rest-FGK 140 %

Maschinenkosten:
Maschine A 4,5 Std. zu 34,20 €/Std.
Maschine B 6,0 Std. zu 27,75 €/Std.
Maschine C 5,0 Std. zu 37,10 €/Std.

Montage 0,5 Std. zu 24,00 €/Std. FGK auf Montage 220 %

7 Ein Meister erhält die Kostenaufstellung zur Kontrolle der Maschinenstundensätze. Wie hoch sind die Abweichungen in Euro und Prozent der tatsächlichen Stundensätze von den Normalstundensätzen?

Kosten	gesamt	Arbeitsgänge			
		Nr. 1		Nr. 2	
		fix	variabel	fix	variabel
Personalkosten	777.300,00 €	92.300,00 €	420.000,00 €	45.000,00 €	220.000,00 €
kalkulatorische Abschreibungen	344.000,00 €	54.000,00 €	186.000,00 €	26.000,00 €	78.000,00 €
kalkulatorische Zinsen	112.000,00 €	76.000,00 €	–	36.000,00 €	–
fremde Arbeitsmittel	129.000,00 €	–	82.000,00 €	–	47.000,00 €
Verkehrsmittel	34.000,00 €	25.000,00 €	–	9.000,00 €	–
sonstige Kosten	27.000,00 €	20.000,00 €	–	7.000,00 €	–
Versicher., Beiträge, Steuern	59.000,00 €	45.000,00 €	–	14.000,00 €	–
Zwischensumme	1.482.300,00 €	312.300,00 €	688.000,00 €	137.000,00 €	345.000,00 €

(Fortsetzung auf Seite 140)

(Fortsetzung von Seite 139)

Summe direkte Kosten	1.482.300,00 €	312.300,00 €	688.000,00 €	137.000,00 €	345.000,00 €
Kostenumlage	1.001.400,00 €	497.600,00 €	217.000,00 €	169.800,00 €	117.000,00 €
Gesamtkosten	2.483.700,00 €	809.900,00 €	905.000,00 €	306.800,00 €	462.000,00 €
Nutzungsstunden a) Bearbeitung b) Rüsten		5 200 320		2 930 150	
Summe der Nutzungsstunden		?		?	
Kosten je Nutzungsstunde		?	?	?	?
kalkulierter Stundensatz (Normalstundensatz)		150,00 €	165,00 €	100,00 €	150,00 €
Abweichung in €		?	?	?	?
Abweichung in % (vom Normalkostensatz)		?	?	?	?

8.2.2.4 Kalkulation mit Unternehmenszuschlagssätzen

Zur Kalkulation des Angebotspreises können die einzelnen Zuschlagssätze für Gemeinkosten zu einem Gesamtzuschlagssatz zusammengefasst werden.

Die Gemeinkosten können somit verteilt werden auf:

- **Fertigungsmaterial**
- **Fertigungsstellen,** z. B. Kostenstellen Werkstatt, Arbeit auf der Baustelle
- **Arbeitswertigkeit,** z. B. einfache Arbeiten, höherwertige Arbeiten, Maschinenarbeiten
- **Art der Maschinen/Geräte,** z. B. Kräne, Bagger, Rüttler, Transporter

Die Gemeinkosten werden über den ermittelten Zuschlagssatz verrechnet. Zusätzlich wird in den **gemeinsamen Zuschlagssatz (= Unternehmenszuschlagssatz)** Gewinn und Wagnis eingerechnet. Angewandt wird dieses Verfahren z. B. in Handwerks- und Bauunternehmen.

Um den Zuschlagssatz zu ermitteln, wird von 100,00 € ausgegangen.

Beispiel 1 **Materialpreis als Zuschlagsgrundlage**
 a) Errechnen Sie den Unternehmenszuschlagssatz.
    Fertigungsmaterial 100,00 €, MGK 15 %, Gewinn und Wagnis 8 %
 b) Für einen Auftrag beträgt der Materialeinsatz 7.500,00 €.
    Kalkulieren Sie den Angebotspreis mit dem Unternehmenszuschlagssatz.

Kalkulation

Lösung zu a)

Fertigungsmaterial	100,00 €
MGK 15 %	15,00 €
Selbstkosten	115,00 €
Gewinn und Wagnis 8 %	9,20 €
Angebotspreis	124,20 €
Unternehmenszuschlagssatz	24,2 %

zu b)

Fertigungsmaterial	7.500,00 €
+ 24,2 % Unternehmenszuschlagssatz	1.815,00 €
Angebotspreis	9.315,00 €

Beispiel 2 **Stundenpreis als Zuschlagsgrundlage**

a) Ermitteln Sie den Unternehmenszuschlagssatz.
Fertigungslohn Baustelle, FGK Baustelle 160 %, Gewinn und Wagnis 4 %

b) Für die Baustelle betragen die Lohneinzelkosten 12.200,00 €.
Kalkulieren Sie den Angebotspreis.

Lösung zu a)

Fertigungslohn	100,00 €
FGK Baustelle 160 %	160,00 €
Selbstkosten	260,00 €
Gewinn und Wagnis 4 %	10,40 €
Angebotspreis	270,40 €
Unternehmenszuschlagssatz	170,4 %

zu b)

Fertigungsmaterial	12.200,00 €
+ 170,4 % Unternehmenszuschlagssatz	20.788,80 €
Angebotspreis	32.988,80 €

1 Stellen Sie die Unternehmenszuschlagssätze fest.

	a) GK	GuW	b) GK	GuW
Material	21 %	3 %	25 %	4 %
Fertigungslohn	240 %	10 %	190 %	12 %

2 Stellen Sie die Angebotspreise je Einheit fest.

a) Fertigungslohn einfache Arbeit
Std.-Lohn 25,00 €   Unternehmenszuschlagssatz   125 %

b) Fertigungslohn höherwertige Arbeit
Std.-Lohn 30,00 €   Unternehmenszuschlagssatz   140 %

c) Fertigungslohn Werkstatt
Std.-Lohn 26,00 €   Unternehmenszuschlagssatz   210 %

d) Material
Bezugspreis 18,00 €/lfd. m   Unternehmenszuschlagssatz   24 %

e) Maschine (ohne Bedienung)
Kosten je Std. 57,50 €   Unternehmenszuschlagssatz   8 %

8.2.3 Nachkalkulation

Durch die Nachkalkulation werden die tatsächlichen Kosten eines Auftrages ermittelt. Der Vergleich der Ergebnisse der Vor- und Nachkalkulation lässt die Kostenabweichungen und ihre Ursachen erkennen. Sind die tatsächlichen Kosten höher als die vorkalkulierten, wird der Gewinn gemindert oder es treten Verluste auf.

Beim freibleibenden Angebotspreis führt die Nachkalkulation zum tatsächlichen Verkaufspreis; beim verbindlichen Angebotspreis wird der tatsächliche Gewinn aufgrund der Kostenänderung festgestellt. Kostenänderungen können eintreten im Materialverbrauch, bei den Fertigungslöhnen und den Sondereinzelkosten der Fertigung und des Vertriebs. Ändern sich die Einzelkosten, so ändern sich zwangsläufig die anteiligen Gemeinkosten.

Die Erkenntnisse aus der Nachkalkulation dienen der Korrektur der Grundlagen für die Vor-/Angebotskalkulation.

Beispiel 1 — **Nachkalkulation bei freibleibendem Preis**

Der Angebotspreis für eine Signalanlage wurde von der Vorkalkulation aufgrund folgender Kosten ermittelt: Materialverbrauch 400,00 €, MGK 15 %, Fertigungslöhne 1.200,00 €, FGK 150 %, VwGK und VtGK 20 %, Gewinn 10 %. Nachdem die Anlage fertig ist, wird beim Abrechnen (Nachkalkulation) festgestellt, dass für 20,00 € Material weniger verbraucht wurde, die Fertigungslöhne dagegen um 60,00 € höher lagen.

a) Wie hoch war der freibleibende Angebotspreis?

b) Wie hoch ist der tatsächliche Verkaufspreis/-erlös?

Lösung

zu a) Vorkalkulation			zu b) Nachkalkulation	
Materialkosten				
Materialverbrauch	400,00 €		380,00 €	
MGK 15 %	60,00 €	460,00 €	57,00 €	437,00 €
Fertigungskosten				
Fertigungslöhne	1.200,00 €		1.260,00 €	
FGK 150 %	1.800,00 €	3.000,00 €	1.890,00 €	3.150,00 €
Herstellkosten		3.460,00 €		3.587,00 €
VwGK und VtGK 20 %		692,00 €		717,40 €
Selbstkosten		4.152,00 €		4.304,40 €
Gewinn 10 %		415,20 €		430,44 €
freibleibender Angebotspreis		**4.567,20 €**	**tatsächl. Verkaufspr.**	**4.734,84 €**

Kalkulation

Beispiel 2 **Nachkalkulation bei verbindlichem Preis**
Angaben wie Beispiel 1. Der Angebotspreis von 4.567,20 € ist einzuhalten. Die Kostenveränderung wirkt sich auf die Höhe des Gewinns aus.

Lösung **Nachkalkulation**

    Materialkosten
① Materialverbrauch .... 380,00 €
    MGK 15 % .... 57,00 €   437,00 €
    Fertigungskosten
    Fertigungslohn .... 1.260,00 €
    FGK 150 % .... 1.890,00 €   3.150,00 €
    Herstellkosten .... 3.587,00 €
    VwGK und VtGK 20 % .... 717,40 €
▼ **Selbstkosten** .... 4.304,40 €   100 %
    Gewinn 6,1 % .... **262,80 €**   x % ④
② **verbindlicher Angebotspreis**   4.567,20 €   ③

Lösungs- ① Entwickeln der Kalkulation bis zu den Selbstkosten mit Werten der Nachkalkulation.
weg
② Entwickeln des Kalkulationsschemas bis zum Angebotspreis.
③ Einsetzen des verbindlichen Angebotspreises.
④ Feststellen des tatsächlichen **Gewinns** (bzw. des Verlustes) in € und % als **Differenz** zwischen Selbstkosten und verbindlichem Angebotspreis:

$$x = \frac{\text{tatsächlicher Gewinn} \cdot 100}{\text{Selbstkosten}} = \frac{262{,}80 \cdot 100}{4.304{,}40} = \underline{\underline{6{,}1\,\%}}$$

Der tatsächliche Gewinn beträgt nur 262,80 € = 6,1 %.

1 Wie hoch ist der tatsächliche Gewinn bei dem verbindlichen Angebotspreis von 3.450,00 €? Die Nachkalkulation ergibt folgende Werte:

Materialverbrauch 204,00 €, MGK 9 %; Fertigungslöhne 780,00 €, FGK 156 %; VwGK und VtGK 16 %, Skonto 3 %.[1]

2 Die Verhandlungen mit einem Großabnehmer ergaben eine Erhöhung des Rabattes um 4 %. Wie hoch ist der tatsächliche Gewinn? Selbstkosten je Gerät 300,00 €, Listenpreis 522,00 €, Skonto 3 %, (alter) Rabatt 29 %.[1]

---

[1] Zur Berechnung von Skonto und Rabatt siehe Seite 114

3 Die Nachkalkulation einer Schüttelrutsche mit Sortiervorrichtungen ergab folgende Werte: Materialverbrauch 490,00 €, MGK 4,5 %; Fertigungskosten: Fertigungsstelle I Fertigungslöhne 124,00 €, FGK 150 %; II Fertigungslöhne 55,00 €, FGK 180 %; III Fertigungslöhne 320,00 €, FGK 120 %; IV Fertigungslöhne 190,00 €, FGK 262 %; VwGK und VtGK 22 %, Sondereinzelkosten des Vertriebs 120,00 €; Skonto 3 %. Verbindlicher Angebotspreis 3.325,00 €.

Gewinnsatz der Vorkalkulation 20 %.

Auf wie viel Prozent hat sich der Gewinn erhöht bzw. vermindert?

4 Eine Spritzgussform für Kunststoff wurde vorkalkuliert: Material 460,00 €, MGK 3,5 %; Fertigungslöhne 3.515,00 €, FGK 162 %, Sondereinzelkosten der Fertigung 604,00 €; VwGK und VtGK 21 %; Gewinn 7,5 %.

a) Wie hoch ist der verbindliche Angebotspreis?
b) Wegen Überbeschäftigung wird die Herstellung eines Einzelteiles vergeben, sodass die Sondereinzelkosten der Fertigung um 86,00 € steigen. Wie hoch ist der tatsächliche Gewinn in Euro und Prozent?

5 Auf wie viel Prozent kann ein Unternehmen den Rabatt bei gleichbleibendem Listenpreis erhöhen, wenn es seinen Gewinn von 46,10 € auf 20,03 € ermäßigt?

Kosten: Selbstkosten 345,00 €, Skonto 3 %, alter Rabatt 25 %.

6 Für die Herstellung einer Kühlhalle kalkulierte ein Bauunternehmer: Materialkosten laut Masseberechnungen frei Baustelle 64.100,00 €, Fertigungslöhne 53.100,00 €, Gemeinkostenzuschlag 81 % auf Löhne, Gewinn 8.600,00 €, Wagniszuschlag auf Selbstkosten 3 % (für Schäden innerhalb der Garantiezeit).

a) Wie hoch war der Angebotspreis?
b) Innerhalb der Gewährleistungszeit ist ein Schaden über 7.150,00 € entstanden, der kostenlos behoben werden musste. Wie hoch ist der tatsächliche Gewinn in Euro und Prozent?
c) Wie viel Prozent beträgt das eingetretene Wagnis von den Selbstkosten?

7 Der Nettoerlös eines Auftrages beträgt 4.970,00 €, der Anteil des Materialeinsatzes 910,00 €.

a) Wie viel Euro beträgt der erzielte Stundensatz? Bearbeitungszeit 65 Std.
b) Wie viel Euro beträgt der zusätzliche Gewinn bzw. die Unterdeckung je Stunde, wenn mit 63,00 €/Std. vorkalkuliert wurde?
c) Wie hoch ist der zusätzliche Gewinn bzw. die Unterdeckung bei diesem Auftrag?
d) Wie viel Stunden beträgt die Abweichung?

8 Die Serviceabteilung eines Unternehmens rechnet die Personalleistungen nach 5-Minuten-Sätzen (Arbeitseinheiten) mit den Kunden ab; Ersatzteile bzw. Material werden gesondert berechnet.

a) Wie viel Euro beträgt der 5-Minuten-Satz?
Vorkalkuliert werden:
Personalkosten 54.000,00 €, Sachkosten 15.000,00 €, Gewinn 10 %.
Personalleistung: 1 100 Stunden einschließlich Wegezeiten.

b) Im Berichtsmonat sind 13 000 5-Minuten-Sätze mit den Kunden abgerechnet worden. Wie hoch sind das tatsächliche Ergebnis der Abteilung und die Abweichung zur Vorkalkulation?

8.2.4 Kalkulation und Beschäftigungsgrad

Kapazität und Beschäftigungsgrad

Grundlage für die Ermittlung der **Kapazität** ist die **betriebliche Arbeitszeit eines Jahres.** Sie ergibt sich aus der Multiplikation:

betriebliche Arbeitszeit/ Kapazität	=	Arbeitstage des Jahres	·	Schichten je Arbeitstag	·	Arbeitsstunden je Schicht

Diese Jahresarbeitszeit (mögliche Nutzung der Anlage ≙ 100 % oder 1,0) kann nicht voll genutzt werden, weil Ausfallzeiten/Leerzeiten entstehen z. B. durch
- geplante Wartungs-, Überhol- und Reparaturzeiten,
- Ausfall der Energieversorgung und von vor- und nachgeschalteten Anlagen,
- ungenügende Kapazität vor- und nachgeschalteter Anlagen,
- Fehlen des Bedienungspersonals,
- Umstellung auf ein anderes Produkt (Rüstzeiten).

Beispiel 1 **Ermitteln von Nutzungszeit und Nutzungsgrad**
Eine Anlage wird an 240 Tagen des Jahres in 2 Schichten mit je 8 Std. genutzt. An Ausfall- und Rüstzeiten werden 750 Stunden kalkuliert. Wie hoch sind die erreichbare Nutzungszeit und der erreichbare Nutzungsgrad?

Lösung
Nutzungszeit: Betriebsarbeitszeit (240 · 2 · 8)   3 840 Std.
Ausfall- und Rüstzeiten   750 Std.
erreichbare Nutzungszeit   3 090 Std.

Nutzungsgrad: $\dfrac{\text{Nutzungszeit im Jahr}}{\text{Jahresarbeitszeit}} = \dfrac{3\,090\,(\cdot\,100)}{3\,840} = \underline{0{,}8 \text{ bzw. } 80\,\%}$

1 Stellen Sie die erreichbare Jahresnutzungszeit und den Nutzungsgrad bei folgenden vorgegebenen Ausfall- und Brachzeiten fest.

	a)	b)	c)	d)
Arbeitstage im Jahr	250	251		230	184/46
Schichten je Tag	1	3		1	2/1
Stunden je Tag/Schicht	8	8		8	8/9
Wartungszeiten Std.	110	312	Warum	–	180
Überholzeiten Std.	64	400	keine?	–	–
Reparaturzeit Std.	40	100		50	70
Energieausfall Std.	20	50		30	10
Ausfall anderer Anlagen Std.	90	120		70	50
ungenügende Kapazität anderer Anlagen Std.	30	340		–	60

zu d): 184 Tage mit je 2 Schichten und 8 Stunden je Schicht,
46 Tage mit je 1 Schicht und 9 Stunden je Schicht.

Von der erreichbaren Nutzungszeit hängt die **Kapazität** eines Betriebes bzw. einer Anlage ab. Sie wird in Mengeneinheiten gemessen (z. B.: t, hl, m, Stück, Std.). **Der Grad der Kapazitätsnutzung, der Beschäftigungsgrad,** hängt von der Auftragslage des Unternehmens bzw. der Anlage ab. Die Kapazität stellt die mögliche Nutzung der Anlage dar (100 % oder 1,0).

$$\text{Beschäftigungsgrad/Kapazitätsnutzungsgrad} = \frac{\text{genutzte Kapazität} \, (\cdot \, 100)}{\text{volle Kapazität}}$$

Beispiel 2 **Ermitteln des Beschäftigungsgrades/Kapazitätsnutzungsgrades**
Die erreichbare Nutzungszeit einer Maschinengruppe beträgt 4 500 Arbeitsstunden im Vierteljahr (volle Kapazität). Aufgrund der Marktlage wird eine Nutzung von 3 650 Stunden eingeplant. Wie hoch ist der Beschäftigungsgrad?

Lösung Beschäftigungsgrad

$$= \frac{\text{genutzte Kapazität} \, (\cdot \, 100)}{\text{volle Kapazität}} = \frac{3\,650 \, (\cdot \, 100)}{4\,500} = \underline{0{,}81 \text{ bzw. } 81\,\%}$$

2 Stellen Sie den Beschäftigungsgrad fest.

Kapazität	a)	b)	c)	d)
volle Kapazität	1 920 Std.	4,8 Mio. t	15,6 Mrd. kW	630 Stück
genutzte Kapazität	1 830 Std.	3,1 Mio. t	15,2 Mrd. kW	650 Stück

Kosten, Beschäftigungsgrad und Erlöse

Die Kosten werden nach ihrer Reaktion auf Veränderungen des Beschäftigungsgrades eingeteilt:

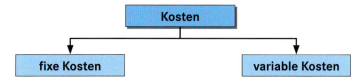

Fixe Kosten bleiben trotz unterschiedlichen Beschäftigungsgrades gleich. Sie fallen auch an, wenn der Betrieb teilweise oder ganz ruht, z. B. Abschreibungen, Zinsen, Personalkosten, Miete.

Variable Kosten verändern sich mit dem Beschäftigungsgrad; sie sind mengenabhängig, z. B. Materialverbrauch, Überstundenlöhne, Wartungskosten.

Das Verhalten der Kosten bei Veränderungen des Beschäftigungsgrades wird aus der Sicht der **Gesamtkosten,** der **Stückkosten** und der **Erlöse** untersucht:

Kosten und Erlöse werden gegenübergestellt. Die **Nutzenschwelle** ist erreicht, wenn Kosten und Erlöse gleich hoch sind. Übersteigen die Erlöse die Kosten, erwirtschaftet der Betrieb Gewinn.

Beispiel 3 **Kosten und Betriebsergebnis bei unterschiedlichem Beschäftigungsgrad**

Die fixen Kosten eines Betriebes betragen monatlich 80.000,00 €; die variablen Kosten 60,00 € je m^3.

a) Wie hoch sind die Gesamt- und Stückkosten bei Beschäftigungslagen von 0 bis 6 000 m^3 (= 100 %) in 1 000 m^3-Schritten?

b) Wie hoch sind die Gesamterlöse bei einem Preis von 80,00 € je m^3?

c) Wie hoch ist das Betriebsergebnis bei den einzelnen Beschäftigungslagen?

d) Das Kosten- und Erlösdiagramm ist aufzustellen. Bestimmen Sie die Nutzenschwelle rechnerisch und grafisch.

Lösung zu a), b) und c)

Produkt in m³	Gesamt-kosten	Stückkosten je m³ fix[1]	Stückkosten je m³ varia-bel[2]	Stückkosten je m³ insges.	Erlöse Stück (je m³)	Erlöse insges.	Betriebsergebnis
0	80.000,00 €	–	–	–	–	–	–80.000,00 €
1 000	140.000,00 €	80,00 €	60,00 €	140,00 €	80,00 €	80.000,00 €	–60.000,00 €
2 000	200.000,00 €	40,00 €	60,00 €	100,00 €	80,00 €	160.000,00 €	–40.000,00 €
3 000	260.000,00 €	26,67 €	60,00 €	86,67 €	80,00 €	240.000,00 €	–20.000,00 €
4 000	320.000,00 €	20,00 €	60,00 €	80,00 €	80,00 €	320.000,00 €	+/– NS 0,00 €
5 000	380.000,00 €	16,00 €	60,00 €	76,00 €	80,00 €	400.000,00 €	+20.000,00 €
6 000	440.000,00 €	13,33 €	60,00 €	73,33 €	80,00 €	480.000,00 €	+40.000,00 €

Nutzen-schwelle → (markiert Zeile 4 000)

zu d) Kosten/Erlöse in 100.000,00 €

GK = Gesamtkosten
Kv = variable Kosten
Kf = fixe Kosten
NS = Nutzenschwelle

Formel zur Errechnung der Nutzenschwelle

$$\text{Nutzenschwelle} = \frac{\text{fixe Gesamtkosten}}{(\text{Stückerlös} - \text{var. Stückkosten})} = \frac{80.000{,}00}{(80{,}00 - 60{,}00)} = 4\,000 \text{ m}^3$$

Die Darstellung zeigt, dass die Stückkosten aufgrund der Kostendegression der Fixkosten mit zunehmender Beschäftigung sinken. Bei einem Stückerlös von 80,00 € entwickelt sich das Betriebsergebnis entsprechend. **Unternehmerische Aufgabe ist, Produktion und Umsatz über die Beschäftigung von 4 000 m³ zu steuern; von der Nutzenschwelle an wird das Betriebsergebnis positiv.** Bei höheren Stückerlösen würde die Nutzenschwelle schon früher, bei niedrigeren Stückerlösen später erreicht werden. Das gilt auch für höhere bzw. niedrigere Gesamtkosten.

---

[1] degressiver Stückkostenverlauf
[2] konstanter Stückkostenverlauf

Kalkulation

3 Stellen Sie für die einzelnen Beschäftigungslagen die Gesamtkosten, die Stückkosten (fix, variabel und insgesamt), den Stück- und Gesamterlös sowie das Betriebsergebnis fest. Erstellen Sie das Kosten- und Erlösdiagramm und bestimmen Sie die Nutzenschwelle.

  a) Produktion: 500 000 t, 600 000 t, 700 000 t, 800 000 t, 900 000 t und 1 000 000 t. Kosten: fix 120.000.000,00 €, variabel 50,00 € je t.
  Erlös: 250,00 € je t.
  b) Produktion: 100, 200, 300, 400, 500, 600, 700, 800, 900 und 1 000 Stück. Kosten: fix 24.000,00 €, variabel 32,00 € je Stück bis 800 Stück, ab 900 Stück 35,00 € je Stück; Erlös: 75,00 € je Stück.

4 Ein Betrieb für Autoersatzteile hat folgende Leistungsgrößen und Kosten: Produktion: 200, 400, 600, 800, 1 000 und 1 200 Stück; Kosten: fix 10.000,00 € bis 1 000 Stück, über 1 000 Stück 18.000,00 €; variable Kosten 25,00 € je Stück. Verkaufserlös je Stück 39,30 €.

  a) Stellen Sie die Gesamtkosten, die fixen und variablen sowie gesamten Stückkosten, den Erlös je Stück und insgesamt und das Betriebsergebnis je Beschäftigungslage fest (200, 400 usw. bis 1 200 Stück).
  b) Stellen Sie das Kosten- und Erlösdiagramm auf.
  c) Bestimmen Sie die Nutzenschwelle rechnerisch und grafisch.
  d) Erläutern Sie die Kostensteigerung bei einer Produktion über 1 000 Stück.

5 Ein Unternehmen hat 40.000,00 € fixe Kosten bei einer Kapazität von 20 000 Stück. Im 1. Produktionsmonat wurden 5 000 Stück, im 2. 10 000 Stück, im 3. 20 000 Stück hergestellt. Die variablen Kosten betragen 4,35 € je Stück.

  a) Wie hoch waren in den einzelnen Monaten die fixen Kosten und die Gesamtkosten je Stück und für die gesamte Leistung?
  b) Wie hoch war der monatliche Gesamtgewinn bzw. -verlust, wenn die Erzeugnisse zum Nettopreis von 9,90 € abgesetzt werden konnten?
  c) Wie hoch war der Beschäftigungsgrad der einzelnen Produktionsmonate? Kapazität 22 000 Stück.

6 Für die Reparaturabteilung (allgemeine Kostenstelle) ergaben sich im Rechnungszeitraum folgende Kosten: 108,5 Arbeitszeitstunden zu 60,80 € je Stunde. Aus dem BAB ergibt sich ein Anteil fixer Gemeinkosten von 12.268,00 €.

  a) Wie hoch ist der Gemeinkostenzuschlag für die Kostenstelle Reparatur (bezogen auf Löhne)?
  b) Wie hoch sind die zu verrechnenden Kosten je Reparaturstunde für die innerbetrieblichen Leistungen der Reparaturabteilung bei 108,5, 87,5, 112,5 Reparaturstunden reiner Reparaturzeit (ohne Bereitschaftszeit)?

9 Anhang

9.1 Bruchrechnen

Ein Bruch teilt ein Ganzes (1) in eine Anzahl gleicher Teile (z. B. $1 = \frac{5}{5}$ oder $\frac{3}{3}$). Dabei unterscheiden wir:

| $\frac{3 \leftarrow \text{Zähler}}{5 \leftarrow \text{Nenner}} \rightarrow \frac{\text{echter}}{\text{Bruch}}$ | $\frac{5}{3} \rightarrow \frac{\text{unechter}}{\text{Bruch}}$ | $1\frac{2}{3} \rightarrow$ gemischte Zahl |

Echte und unechte Brüche. Wenn der Zähler kleiner ist als der Nenner, haben wir einen echten Bruch (z. B. $\frac{3}{5}$), im anderen Fall einen unechten Bruch (z. B. $\frac{5}{3}$).

Gleichnamige und ungleichnamige Brüche. Gleichnamige Brüche haben den gleichen Nenner (z. B. $\frac{2}{5}, \frac{1}{5}, \frac{4}{5}$), ungleichnamige haben verschiedene Nenner (z. B. $\frac{2}{5}, \frac{3}{7}, \frac{8}{13}, \frac{13}{25}$).

Kürzen und Erweitern. Beim **Kürzen** werden Zähler und Nenner durch die gleiche Zahl geteilt (z. B. $\frac{24}{40} = \frac{12}{20} = \frac{6}{10} = \frac{3}{5}$), beim **Erweitern** Zähler und Nenner mit der gleichen Zahl multipliziert (z. B. $\frac{3}{5} = \frac{6}{10} = \frac{12}{20} = \frac{36}{60}$). Der Wert des Bruches bleibt beim Kürzen und Erweitern erhalten.

Teilbarkeitsregeln. Eine Zahl ist teilbar durch
- **2,** wenn sie gerade ist;
- **3,** wenn die Quersumme durch 3 teilbar ist (z. B. 3 507 = Quersumme 3 + 5 + 0 + 7 = 15; 15 : 3 = 5);
- **4,** wenn die letzten zwei Ziffern durch 4 teilbar sind (z. B. 67 936; 36 ist durch 4 teilbar);
- **5,** wenn am Ende eine 5 oder 0 steht (z. B. 3 225, 9 920);
- **6,** wenn sie durch 2 und durch 3 teilbar ist (z. B. 14 532);
- **8,** wenn die letzten drei Ziffern durch 8 teilbar sind (z. B. 65 168);
- **9,** wenn die Quersumme durch 9 teilbar ist (z. B. 372 645, Quersumme 3 + 7 + 2 + 6 + 4 + 5 = 27).

Endliche Dezimalbrüche = 0,125; 0,237; 0,875

Periodische Dezimalbrüche

- mit reiner Periode
  = $0,\overline{6}...$; $0,\overline{23}...$; $0,\overline{123}...$

- mit nicht reiner Periode
  = $0,5\overline{76}...$; $0,2\overline{3}...$; $0,375\overline{1}...$

Addieren von Brüchen

> Bei gleichnamigen Brüchen werden die Zähler addiert. Der Nenner bleibt unverändert. Ungleichnamige Brüche müssen gleichnamig gemacht werden (gesucht wird der kleinste gemeinsame Nenner = Hauptnenner).

Beispiele

gleiche Nenner:

a) $\frac{3}{8} + \frac{1}{8} + \frac{3}{8} = \underline{\underline{\frac{7}{8}}}$

b) $\frac{2}{15} + \frac{11}{15} + \frac{12}{15} = \frac{25}{15} = 1\frac{10}{15} = \underline{\underline{1\frac{2}{3}}}$

c) $12\frac{1}{9} + 23\frac{7}{9} + 18\frac{5}{9} = 53\frac{13}{9} = \underline{\underline{54\frac{4}{9}}}$

ungleiche Nenner:

Der größte Nenner ist der Hauptnenner:

$\frac{1}{2} + \frac{3}{4} + \frac{5}{8} = \frac{4 + 6 + 5}{8} = \frac{15}{8} = \underline{\underline{1\frac{7}{8}}}$

Anhang

Suchen des Hauptnenners:

	Primfaktoren	Hauptnenner 360 ❸
$2\,^2/_6$	❶ $2 \cdot \quad 3$	120
$+ 17\,^1/_9$	$3 \cdot 3$	40
$+ 4\,^1/_4$	$2 \cdot 2$	90
$+ 12\,^2/_{10}$	$2 \cdot \quad\quad 5$	72
$+ 9\,^7/_8$	$2 \cdot 2 \cdot 2$	315
$\begin{array}{r}44\\+ 1\,^{277}/_{360}\end{array}$	❷ $2 \cdot 2 \cdot 2 \cdot 3 \cdot 3 \cdot 5$	$\dfrac{637}{360} = 1\,\dfrac{277}{360}$
$45\,^{277}/_{360}$		

Lösungsweg
① Jeder Nenner wird in seine Primfaktoren zerlegt;
② die Primfaktoren werden nach ihrer Häufigkeit gesammelt und miteinander multipliziert ($2 \cdot 2 \cdot 2 \cdot 3 \cdot 3 \cdot 5 = 360$ = Hauptnenner);
③ die Brüche werden auf den Hauptnenner 360 gebracht (6 ist 60-mal in 360 enthalten: $^2/_6 = {}^{120}/_{360}$ usw.).

Subtrahieren von Brüchen

Bei gleichnamigen Brüchen werden nur die Zähler subtrahiert; der Nenner bleibt unverändert. Ungleichnamige Brüche müssen erst gleichnamig gemacht werden (kleinster gemeinsamer Nenner = Hauptnenner).

Beispiele
a) $^3/_8 - {}^1/_8 = {}^2/_8 = \underline{\underline{^1/_4}}$ b) $25\,^9/_{13} - 10\,^4/_{13} = \underline{\underline{15\,^5/_{13}}}$ c) $13\,^2/_9 - 5\,^7/_9 = 12\,^{11}/_9 - 5\,^7/_9 = \underline{\underline{7\,^4/_9}}$

d) $30 - 5\,^2/_3 = 29\,^3/_3 - 5\,^2/_3 = \underline{\underline{24\,^1/_3}}$ e) $^7/_8 - {}^5/_{24} = \dfrac{21 - 5}{24} = {}^{16}/_{24} = \underline{\underline{^2/_3}}$

Multiplizieren von Brüchen

Brüche werden miteinander multipliziert, indem man Zähler mit Zähler und Nenner mit Nenner multipliziert. Vor dem Ausrechnen wird nach Möglichkeit gekürzt.

$$\dfrac{\text{Zähler} \cdot \text{Zähler}}{\text{Nenner} \cdot \text{Nenner}}$$

Beispiele
a) $^2/_3 \cdot {}^3/_5 = \dfrac{2 \cdot \cancel{3}}{\cancel{3} \cdot 5} = \underline{\underline{^2/_5}}$ c) $2\,^2/_3 \cdot 3\,^2/_5 = \dfrac{8 \cdot 17}{3 \cdot 5} = {}^{136}/_{15} = \underline{\underline{9\,^1/_{15}}}$

b) $2 \cdot {}^2/_3 = \dfrac{2 \cdot 2}{1 \cdot 3} = {}^4/_3 = \underline{\underline{1\,^1/_3}}$ d) $^3/_5 \cdot 6{,}9 = \dfrac{3 \cdot 6{,}9}{5} = \underline{\underline{4{,}14}}$

Dividieren von Brüchen

Brüche werden dividiert, indem der erste Bruch mit dem Kehrwert des zweiten Bruches multipliziert wird.

$$\dfrac{\text{Zähler des 1. Bruches} \cdot \text{Nenner des 2. Bruches}}{\text{Nenner des 1. Bruches} \cdot \text{Zähler des 2. Bruches}}$$

Vor dem Ausrechnen wird nach Möglichkeit gekürzt.

Beispiele
a) $^2/_3 : {}^3/_5 = \dfrac{2 \cdot 5}{3 \cdot 3} = {}^{10}/_9 = \underline{\underline{1\,^1/_9}}$ b) $2 : {}^2/_3 = \dfrac{\cancel{2} \cdot 3}{1 \cdot \cancel{2}} = {}^3/_1 = \underline{\underline{3}}$ c) $5 : 2\,^1/_4 = \dfrac{5 \cdot 4}{1 \cdot 9} = {}^{20}/_9 = \underline{\underline{2\,^2/_9}}$

d) $^3/_5 : 3 = \dfrac{\cancel{3} \cdot 1}{5 \cdot \cancel{3}} = \underline{\underline{^1/_5}}$ e) $3\,^2/_3 : 2\,^3/_5 = \dfrac{11 \cdot 5}{3 \cdot 13} = {}^{55}/_{39} = \underline{\underline{1\,^{16}/_{39}}}$

Verwandeln gemeiner Brüche in Dezimalbrüche und umgekehrt

Beispiele 1
a) $3/4 = 3 : 4 = \underline{0{,}75}$ b) $1\,1/3 = 4/3 = \underline{1{,}\overline{3}...}$ c) $15\,7/12 = \dfrac{187}{12} = \underline{15{,}58\overline{3}...}$

In einem Dezimalbruch, z. B. 0,7853, sind die Stellen nach dem Komma:
7 = Zehntel; 8 = Hundertstel; 5 = Tausendstel; 3 = Zehntausendstel

Beispiele 2
a) $0{,}3 = \underline{3/10}$ c) $7{,}25 = 7\,25/100 = \underline{7\,1/4}$ e) $0{,}371 = \underline{371/1000}$
b) $0{,}\overline{3}... = 3/9 = \underline{1/3}$ d) $7{,}\overline{76}... = \underline{7\,76/99}$ f) $26{,}\overline{314}... = \underline{26\,314/999}$

Bei Dezimalbrüchen mit nicht reiner Periode muss zum Verwandeln in einen gemeinen Bruch die Periode entfallen. Hierzu wird der Dezimalbruch mit 100, 1 000, 10 000 usw. malgenommen und das 10-, 100-, 1 000-Fache wieder abgezogen, sodass die Periode verschwindet. Ganze bleiben unverändert.

g) $0{,}2\overline{4}...$
 $24{,}\overline{4}...$ = 100-fach
 $- 2{,}\overline{4}...$ = 10-fach
 22 = 90-fach
 $22/90 = \underline{11/45}$ = 1-fach

h) $0{,}25\overline{7}...$
 $257{,}\overline{7}...$ = 1 000-fach
 $- 25{,}\overline{7}...$ = 100-fach
 232 = 900-fach
 $232/900 = \underline{58/225}$ = 1-fach

Ergänzen Sie die Tabelle in Ihrem Arbeitsheft.

	Bruch	Dezimalbruch	%	‰
1	$100/100 = 1/1$	1,0	100	1 000
2	$10/100 = 1/10$	0,1	10	100
3	$1/100$	0,01	1	10
4	$1/1000$	0,001	0,1	1
5	$50/100 = 1/2$	0,5	50	500
6	?	?	40	?
7	?	?	?	250
8	$1/5$	?	?	?
9	?	0,3	?	?
10	?	0,07	?	?
11	$3/1000$	?	?	?
12	?	?	2,5	?
13	?	?	15	?
14	$13/100$	?	?	?
15	?	?	73	?
16	?	?	?	73
17	$1/20$	?	?	?
18	?	?	?	0,5
19	?	0,041	?	?
20	$4/5$	?	?	?

Anhang

9.2 Maße und Gewichte

Metrisches (dezimales) Maß- und Gewichtssystem

Längenmaße
Einheitsmaß ist der Meter (m).
1 km = 1 000 m
1 m   = 100 cm   (10 Dezimeter – dm)
1 cm = 10 mm
Besonderheiten: 1 Seemeile = 1 852 m

Flächenmaße
Einheitsmaß ist der Quadratmeter (qm oder m²).
1 km² = 100 ha   (1 000 000 m²)
1 ha = 100 a   (10 000 m²)
1 a   = 100 m²
1 m² = 10 000 cm²   (100 dm²)
1 cm² = 100 mm²

Körpermaße
Einheitsmaß ist der Kubikmeter (cbm oder m³).
1 m³ = 1 000 dm³
1 dm³ = 1 000 cm³
1 cm³ = 1 000 mm³
Besonderheiten: 1 Registertonne = 2,83 m³

Hohlmaße und Gewichte

1 Liter (l) = 1 dm³ = $\frac{1}{1\,000}$ m³
1 hl   = 100 l
1 m³   = 1 000 l
Besonderheiten im Weinhandel:
1 Oxhoft = 225 l
1 Fuder   = 1 000 l
1 Stück   = 1 200 l
Einheitsmaß ist das Kilogramm (kg).
1 t   = 10 dt   (Dezitonne = 1 000 kg)
1 dt = 100 kg
1 kg = 1 000 g
Besonderheit:
1 Ztr. (Zentner) = 50 kg
1 Pfd. (Pfund)   = 500 g

Besonderheiten in Deutschland (alte Maße)
1 Dtzd. (Dutzend) = 12 Stück
1 Schck. (Schock) = 60 Stück
1 Grs. (Gros)   = 144 Stück

Amerikanisches Maß- und Gewichtssystem

Längenmaße
Einheitsmaß ist das Yard (yd.).
1 yard   =   3 feet (ft)   =   91,44 cm
1 foot   = 12 inches (inch) =   30,48 cm
1 inch   =   2,54 cm
1 mile (m) = 1 760 yds   = 1 609,34 m

Flächenmaße
Einheitsmaß ist das Square Yard (sq. yd.).
1 square yard = 9 square feet (sq. ft.) = 8 361,27 cm²
1 square foot = 144 square inches = 929,03 cm²
1 square inch =   6,45 cm²

Körpermaße
Einheitsmaß ist das Cubic Yard (cu. yd.).
1 cubic yard =   27 cubic feet
                (cu. ft.)   = 0,764553 m³
1 cubic foot = 1 728 cubic inches = 0,028317 m³
               35,3166 cubic feet = 1 m³

Hohlmaße
Flüssigkeitsmaße
1 imperial barrel = 36 imperial gallons = 163,62 l
   (imp. brl.)   (imp. gal.)
1 imperial gallon = 4 imperials quarts =   4,545 l
1 US gallon   =   3,785 l
1 imperial quart = 2 imperial pints   =   1,136 l
1 US quart   =   0,946 l
1 imperial pint   =   0,568 l
1 US pint   =   0,473 l

Gewichte
1 short ton (ston) = 20 hundredweights (cwts.)
                  = 907,185 kg
1 hundredweight = 4 quarters
                  =   45,359 kg
1 quarter   = 25 pounds
                  =   11,34   kg
1 pound   =   0,454 kg

Edelmetalle
1 troy-pound (troy-pound)   =   373,242 g
 = 12 troy-ounces (troy-oz.)
1 troy-ounce   =   31,103 g

Hohlmaße
Trockenmaße (Getreide)
1 imperial quarter = 8 imperial bushels = 290,88 l
   (imp. qr.)   (imp. bush.)
1 imperial bushel = 8 imperial gallons = 36,36 l
1 US bushel   = 35,238 l
1 imperial gallon   =   4,545 l
1 US gallon   =   4,05 l
1 US bushel Mehl   = 196 lbs.   = 88,9 kg
1 US bushel Weizen = 60 lbs.   = 27,2 kg
1 US bushel Roggen = 56 lbs.   = 25,4 kg
1 US bushel Mais   = 56 lbs.   = 25,4 kg
1 US bushel Gerste = 48 lbs.   = 21,77 kg